Ouvertüre

Saint-Tropez vor einem halben Jahrhundert: Noch ist das kleine Dorf an der Côte d'Azur ein verträumter Hafenort mit Restaurants, in denen es nach altem Holz, einer Mischung aus Lavendel und Rosmarin und frischem Fisch riecht. An der Mole liegen weiß-blau gestrichene Fischerboote, die im Morgengrauen vom Meer zurückgekehrt sind; die gelben Netze sind zum Trocknen aufgefächert und zieren den jahrhundertealten Steinboden. Tagsüber heizt die Sonne die kleinen Häuser auf, unzählige schmale Gassen schlängeln sich vom Hafen zum leicht erhöht liegenden Marktplatz mit seinen vom Mistral gekrümmten Platanen. Eine lebhaft frequentierte Bar ist beliebter Treffpunkt von Einheimischen und von überallher angereisten Malern, Schriftstellern, Musikern und ihren Musen. Sobald die Dämmerung hereinbricht, wird hier jede Nacht ausgelassen gefeiert, gelacht, getrunken und getanzt.

An diesen Ort erinnere ich mich besonders gern, denn ich erlebte dort einen jener magischen Momente, der mein Leben für immer verändern sollte. Ich war damals gerade achtzehn Jahre alt und wohnte noch in Nizza, wo ich aufgewachsen und zur Schule gegangen bin. Eine Freundin meiner Mutter nahm mich eines Tages mit nach

Saint-Tropez zu einem Yachtausflug. Wir fuhren die Küste mit ihren zahllosen Buchten entlang, durch Anhöhen und Wälder voller Korkeichen, bevor wir die Zitadelle von Saint-Tropez sahen, die einen unvergleichlichen Blick über das malerische Fischerdorf und weit hinaus aufs Meer bietet.

An Bord war das Fest bereits in vollem Gange; zahlreiche, elegant gekleidete Gäste amüsierten sich prächtig, die Stimmung war ausgelassen und fröhlich. Allerdings nicht für mich: Obwohl ich mich auf den Abend so sehr gefreut hatte, nahm er für mich – kaum begonnen – ein vorzeitiges Ende. Nach nur wenigen Minuten war mir sterbensübel geworden. Ich vertrug den Seegang nicht, und das inmitten von strahlenden, gut gelaunten, feiernden Menschen! Verzweifelt und den Tränen nahe, zog ich mich in eine Ecke zurück, als ein sympathischer Herr auf mich zukam. Ihm war es nicht entgangen, dass dieser blutjungen Unbekannten ganz und gar nicht nach Feiern zumute war. Freundlich sprach er mich an, erfasste blitzschnell die Situation und ergriff entschlossen die Initiative. Unauffällig verließen wir die Yacht und gingen gemeinsam an Land. Sie ahnen es: Dieser aufmerksame Gentleman war kein anderer als Herbert von Karajan, bereits zu jenem Zeitpunkt ein weltberühmter Dirigent.

Es war einer dieser provenzalischen Abende, in denen die Sonne nur unterzugehen scheint, um sich eine kurze Pause zu gönnen. Mein Begleiter führte mich in eines der Restaurants am Hafen; mit festem Boden unter den Füßen erholte ich mich allmählich und konnte mich endlich meinem Retter zuwenden. Vielleicht faszinierte mich

dieser Mann vom ersten Moment an, weil er sich in meiner Not so liebevoll um mich gekümmert hatte. Solch väterliche Fürsorge war ich nicht gewohnt, war doch mein Vater wenige Jahre nach meiner Geburt gestorben. Aber Herbert von Karajan strahlte auch einen Schwung und einen sinnlichen Zauber aus, die mir beinahe den Atem raubten. Gerade erst hatte er den zweiten Zyklus von Richard Wagners *Ring des Nibelungen* mit großem Erfolg in Bayreuth dirigiert – was ich aber erst viel später erfuhr. Wir plauderten auf Französisch, denn ich konnte damals noch kein Deutsch; er duzte mich und nannte mich Eliette – ich sprach ihn mit »Monsieur« an, da ich ja viel jünger war als er.

Nach dem Essen schlenderten wir durch den verschlafenen Hafen und landeten in einer kleinen Bar namens »Palmyre«. In der Ecke rechts vom Eingang stand ein hübsches, altes Pianola, das für Tanzmusik sorgte – ein, zwei Foxtrotts, ein, zwei Tangos, ein Charleston. Ich zog umgehend die Schuhe aus und bewegte mich zu den anregenden Klängen. Und er, er beobachtete mich, sah mir einfach nur zu; selbst mochte er nicht tanzen.

Seit diesem aufregenden Treffen in Südfrankreich verfolgte ich natürlich mit großem Interesse alles, was über Herbert von Karajan in den Zeitungen berichtet wurde; es sollte jedoch ein ganzes Jahr dauern, bis wir uns wiedersahen. Ich arbeitete zu jener Zeit als Fotomodell für Christian Dior, der mich in Paris entdeckt hatte. Für Aufnahmen der neuesten Kollektionen reiste ich durch halb Europa; was auf den glamourösen Titelbildern von *Vogue* und *Harper's Bazaar* so schillernd und leicht wirkte, bedeutete für mich allerdings harte Arbeit.

Als ich mich wieder einmal für Fotoaufnahmen in Lon-

11

don aufhielt, lud mich ein musikbegeisterter Freund zu einem Konzert des Londoner Philharmonia Orchestra in die Royal Festival Hall ein. Auf dem Programm jenes Abends standen Werke von Benjamin Britten, Ludwig van Beethoven und Jean Sibelius – am Dirigentenpult Herbert von Karajan.

Wir hatten wunderbare Plätze im Parkett; kurz nach 20 Uhr erhob sich das Orchester und der frenetisch beklatschte Maestro betrat mit bedächtigen Schritten die Szene. Unmittelbar bevor er den Kopf wie immer seitlich neigte, um sich mit geschlossenen Augen auf die Musik zu konzentrieren, zögerte er einen Moment, wandte sich mir zu – und lächelte mich an: Er hatte mich wiedererkannt. Nicht ohne Stolz ließ ich meinen Begleiter, einen großen Fan des Dirigenten, wissen, dass ich Herrn von Karajan schon einmal persönlich begegnet war.

»Meinst du, er empfängt dich? Glaubst du, er würde mir ein Autogramm geben? Liebe Eliette, bitte, lass es uns versuchen«, bat er voller Enthusiasmus. Natürlich erfüllte ich ihm den Wunsch – auch ich wollte den Mann wiedersehen, mit dem ich in Saint-Tropez einen so unvergesslichen Abend erlebt hatte. Erst viele Jahre später erzählte mir Herbert, dass er seinem »guten Geist«, André von Mattoni, vor dem Konzert die Anweisung gegeben hatte: »Wenn eine junge Französin mit langen, blonden Haaren zu mir will, lass sie durch!« Als wir schließlich die Garderobe der Royal Festival Hall verließen, hatten sich beide Wünsche erfüllt: Mein Begleiter hielt das ersehnte Autogramm in Händen und ich war dem Mann meines Lebens ein Stück nähergekommen.

12   Und noch etwas hatte sich an diesem Abend entschie-

den: Herbert von Karajan und ich würden uns wiedersehen. Trotz übervoller Terminkalender schafften wir es, uns zu treffen; einmal holte ich ihn in den legendären Musikstudios in der Kingsley Road ab. Auf Zehenspitzen schlich ich zu einem Sitzplatz, da er noch mitten in der Arbeit steckte. Ich konnte ja nicht wissen, dass er bei Proben niemanden im Saal duldete, der mit der Musik nicht direkt etwas zu tun hatte. Doch wer entkommt schon den aufmerksamen Blicken eines Orchesters? Die Musiker stupsten sich gegenseitig an, hoben die Instrumente und die Augenbrauen; in ihren Mienen war unverhüllt zu lesen: Ist das nicht das Modell, das in den Zeitschriften und auf den großen Plakaten zu sehen ist, die gerade überall in London hängen? Das Orchester spielte weiter, aber Karajan, immer noch mit dem Rücken zu mir, musste wohl gespürt haben, dass sich hinter ihm etwas tat. Ob er bemerkt hatte, dass ich in den Raum getreten war?

Eines Abends lud Herbert von Karajan mich zu Walter Legge, mit dem er gemeinsam das Philharmonia Orchestra gegründet hatte, und dessen Lebensgefährtin und späterer Ehefrau, der Sängerin Elisabeth Schwarzkopf, ein. Als ich ins Wohnzimmer trat, lehnte er lässig und entspannt am Kamin. Das Feuer loderte, und die elegante Geste, mit der er sich eine Zigarette anzündete, erinnerte mich an den großen französischen Filmstar Jean Gabin. Als Herbert dann seine stahlblauen Augen in meine senkte, war es endgültig um mich geschehen. Spätestens in dieser Sekunde wusste ich: Das ist der Mann meiner Träume.

Wie mein Leben an der Seite von Herbert von Karajan verlief, was ich in den einunddreißig gemeinsamen Jahren an Höhen und Tiefen mit ihm erlebt habe – darüber habe ich mich bis heute nie öffentlich geäußert. Ich gab keine Interviews über unseren Alltag, beantwortete keine Fragen zu Privatem, niemand erfuhr, warum ich als Einzige bei seinen Proben mit den berühmtesten Orchestern der Welt dabei sein durfte, ja, sogar auf seinen speziellen Wunsch hin dabei sein musste. Ich habe geschwiegen, um meinem Mann die für ihn so wichtige Privatsphäre zu ermöglichen und um unsere Kinder zu schützen; nicht zuletzt auch aus Sorge, nicht richtig wiedergegeben zu werden.

Zum hundertsten Geburtstag meines Mannes möchte ich mich nun in meinen Worten an den einzigartigen Mann und Menschen erinnern, der nicht nur mein Leben prägte, sondern auch das Leben vieler Musikfreunde auf der ganzen Welt – bis heute. Ein Tagebuch führte ich nie, dazu war ich an Herberts Seite viel zu beschäftigt. Aber von all dem, woran ich mich heute noch erinnere, von den märchenhaften Momenten, die mein Leben so abwechslungsreich gestaltet haben, und von all den Begegnungen mit Menschen, die Herbert und mir nahestanden, möchte ich Ihnen in diesem Buch erzählen. Gossip werden Sie vergeblich suchen; und trotzdem, das verspreche ich Ihnen, werden Sie einiges erfahren, was Sie bisher noch nicht wussten.

Dieses Buch ist zu Ehren des Mannes geschrieben, dem ich mich bis heute zutiefst verbunden fühle. Es ist zugleich die Geschichte einer großen Liebe und kein Märchen, denn dieser Prinz führt seine Prinzessin tatsächlich auf sein Schloss.

Und es ist mein Geschenk zu seinem hundertsten Geburtstag.

Eine Kindheit
in der Provence

Schließen Sie für einen Moment die Augen und stellen Sie sich endlose, tiefviolette Lavendelhaine vor; ein leichter Wind streicht über die Felder, die Sonne streichelt angenehm wärmend über die Haut – das ist Südfrankreich, meine Heimat.

Der liebe Gott hat es ausgesprochen gut mit mir gemeint, er ließ mich in einer der schönsten Landschaften zur Welt kommen, die man sich nur vorstellen kann. In meinem Geburtsort Mollans-sur-Ouvèze, einem pittoresken Dorf in der Provence, knapp dreihundert Meter über dem Meer gelegen und nur dreizehn Kilometer entfernt vom malerischen Vaison-La-Romaine, besaßen meine Eltern Albertine und Jean-Louis Mouret einen Gutshof. Bis ins 19. Jahrhundert bekannt als Handelszentrum für regionale Produkte, beheimatet der Ort heute jeweils im Juli ein Straßenfestival, zu dem Maler und Kunsthandwerker ihre Werke ausstellen. An einem 13. August erblickte ich in dieser herrlichen Umgebung als Hausgeburt das Licht der Welt.

Die Freude über den Nachzügler war groß; meine beiden Geschwister waren bei meiner Geburt eigentlich schon erwachsen: Meine Schwester Aimée war neunzehn Jahre älter, mein Bruder Jean siebzehn. Für mich wählten meine Eltern den Namen Eliette, und so ließ mich mein Vater wenige Tage nach der Geburt als Eliette Mouret ins Geburtsregister von Mollans eintragen.

Meine Eltern umgaben mich mit Fürsorge, ohne mich allzu sehr zu verwöhnen – dazu waren beide zu gradlinige Persönlichkeiten. Als Verwalter des familiären Grundbesitzes beaufsichtigte mein Vater die Landarbeiter und sorgte für unseren Lebensunterhalt; meine Mutter, sie stammte ursprünglich aus der Bretagne, unterrichtete als Lehrerin an einer Schule in Nizza und galt als streng, aber gerecht.

Kennengelernt hatten sich meine Eltern an der Universität von Montpellier; nach Abschluss ihres Studiums war beiden klar, dass sie ihr Leben gemeinsam verbringen wollten, und so folgte Albertine meinem Vater Jean-Louis in seine provenzalische Heimat.

Ihr Haus an der Avenue Saint-Lambert in Nizza beherbergte neben mir und meinen beiden Geschwistern, die bereits ihre eigenen Wege gingen, auch unser Kindermädchen Juliette. Sie stammte aus einer Bauernfamilie aus der Umgebung und war eine herzensgute Seele; sie kümmerte sich ausschließlich um mich, da meine Mutter ja voll berufstätig war. Bis heute erinnere ich mich mit Bewunderung an Frederico, unser Hausfaktotum und Mann für alle Fälle, der selbst in den kargen Jahren des Zweiten Weltkriegs nie um kreative Lösungen verlegen war: Als es beispielsweise keine Seife mehr zu kaufen gab, »erfand« er kurzerhand eine aus Öl und anderen duftenden Ingredienzien.

Meine Eltern legten großen Wert darauf, dass wir Kinder exzellente Tischmanieren pflegten, uns – altersentsprechend – mit guten Büchern befassten und uns in jeder Gesellschaft zu bewegen wussten. Musik war allgegenwärtig, meine Schwester erhielt Klavierunterricht und spielte gerne Wiener Walzer, mein Bruder lernte ganz passabel Geige zu spielen; ich hingegen spielte kein Instrument – mich zog es immer in die Natur hinaus. Dort fühlte ich mich in meinem Element, ließ meiner Fantasie freien Lauf, beobachtete stundenlang schillernde Käfer und Insekten, staunte über die atemberaubende Vielfalt der Farben und Gerüche. Dass das Nesthäkchen später einmal den berühmtesten Dirigenten des 20. Jahrhunderts heiraten sollte, konnte damals wirklich niemand ahnen.

Meine Eltern, die mich ja erst spät bekommen hatten – meine Mutter war bereits zweiundvierzig, mein Vater vierundvierzig –, ließen es mir und meinen Geschwistern an nichts fehlen; unser ganz normales, unbeschwertes Leben spielte sich vorwiegend zwischen Nizza und Mollans ab. Doch bald schon fiel ein großer Schatten über dieses Paradies: Mein Vater starb innerhalb weniger Wochen. Ich war damals noch sehr klein, erst drei oder vier Jahre alt. Wenn ich heute an meinen Vater denke, kann ich ihn mir kaum mehr richtig vorstellen; ja, ich weiß oft nicht, ob die wenigen Erinnerungen, die ich an ihn habe, wirklich wahr oder ob die Bilder, die mir geblieben sind, nur den Wunschträumen eines verlassenen Kindes entsprungen sind.

Und obwohl ich damals noch sehr klein war, spürte ich schon sehr genau, dass sich unser bis dahin so sorgloses Leben schlagartig verändert hatte. Plötzlich stand meine Mutter mit dem ganzen Gutsbetrieb und einem kleinen

Kind allein da, sie hatte tausend Dinge zu tun und kaum mehr Zeit für mich.

Juliette erwies sich, je älter ich wurde, als ein Fels in der Brandung, besonders als ich ins Teenageralter kam und gegen die Welt der Erwachsenen rebellierte, mich ab und zu heftig mit meiner Mutter stritt. Das rief meinen Bruder Jean auf den Plan, der wohl annahm, er sei als einziger Mann im Haus in die Rolle des Familienoberhaupts gerutscht. Zwar behandelte er mich meist liebevoll, aber er konnte auch äußerst streng werden. Hatte ich mich in seinen Augen wieder einmal danebenbenommen oder war mein Temperament mit mir durchgegangen, rief er mich zur Ordnung und führte mir als mahnendes Beispiel meine Großeltern vor Augen: »Eliette, es gehört sich nicht, in diesem Ton mit deiner Mutter zu sprechen. Unsere Großeltern siezten ihre Eltern noch, sie hätten solche Worte nie in den Mund genommen. Also bitte, ein bisschen mehr Respekt!« Mit einem energischen »Denk darüber nach!« beschloss er dann jeweils seine Standpauke. Natürlich hatte er recht, das hätte ich vor ihm jedoch nie zugegeben, dazu war ich viel zu wild und ungestüm.

Auch heute sehe ich in meiner Mutter eine elegante Dame mit einer ausgeprägten Vorliebe für Nachschlagewerke. Sie liebte Lexika aller Art, in ihnen konnte sie stundenlang schmökern und in andere Welten eintauchen. Kaum verwunderlich, dass auch ich – neugierig geworden, was in diesen Wälzern für interessante Dinge zu entdecken sind – bald einmal dem Reiz eines zwölfbändigen Universallexikons erlag. Besonders die Seiten mit anatomischen Abbildungen hatten es mir angetan, was wiederum meiner Mutter nicht entging. Wild entschlossen, mich nicht aus dieser aufregenden Welt, auch wenn sie nur auf dem Papier stattfand, aussperren zu lassen, entwickelte ich eine raffinierte Methode: mit einem Rasiermesser schnitt ich gewisse Seiten aus dem Lexikon so akkurat heraus, dass ihr Fehlen nicht bemerkt wurde. Diese Technik half mir übrigens später auch bei so mancher Prüfung in der Schule, indem ich heimlich unter dem Tisch von »rasierten Seiten« abschrieb.

Obwohl meine Mutter alles daransetzte, den vielen Herausforderungen gerecht zu werden, musste sie eines Tages einsehen, dass sie meiner Entwicklung nicht mehr die erforderliche Aufmerksamkeit widmen konnte; auch unser Hausmädchen war mit der weiterführenden Erziehung eines Teenagers überfordert und meine Geschwister lebten bereits außer Haus. Meine Mutter entschied deshalb, mich ins Internat nach Albi zu schicken; dort erhielten Mädchen eine erstklassige Ausbildung und lernten alles, was man im Leben braucht. Geführt wurde das Lycée Saint-Cécile – mitten im Herzen von Südfrankreich gelegen, für mich Millionen Lichtjahre von zu Hause entfernt – von katholischen Nonnen, die mir einen Heidenrespekt einjagten.

Für Albi sprach in den Augen meiner Mutter nicht zuletzt die Tatsache, dass bereits eine meiner Cousinen dieses Mädchenpensionat besuchte; für Familienanschluss war also gesorgt und ich würde mir nicht so verloren vorkommen. Ganz so einfach lief es allerdings nicht: Meine Cousine war zwei Jahre älter als ich und keineswegs besonders daran interessiert, sich um den Frischling zu kümmern – Familie hin oder her. Wir hätten nicht gegensätzlicher sein können: Sie entsprach perfekt dem

19

Typ »Bücherwurm«, steckte ihre bebrillte Nase stets in ein bedeutendes Werk der Wissenschaft oder Kulturgeschichte, gehörte zu den Besten der Schule und machte später, wen wundert's, eine glänzende Karriere. Auf der anderen Seite der blonde Wildfang, der am liebsten barfuß und mit wehenden Haaren durch Felder und Wiesen stromerte, keine Angst vor krabbelndem Getier kannte und sich hauptsächlich für die Geheimnisse der Fauna und Flora interessierte und der – ich gestehe es – sich nächtelang vor Heimweh schier die Augen ausheulte.

Doch nicht nur das Fehlen meiner vertrauten Umgebung bereitete mir Kummer; in dieser Schule herrschte eine eiserne, wenn nicht gar militärische Disziplin, der ich mich nur schwer unterordnen konnte. Wer je in einer Klosterschule erzogen wurde, wird sich nur zu gut an die unerbittlichen Rituale erinnern:

Winters wie sommers Aufstehen im Morgengrauen, gefolgt von einer kurzen Andacht, um 6.30 Uhr dann ein erstes Frühstück, anschließend begann der Unterricht. Um 10.30 Uhr läutete es zur Pause und es gab ein zweites kleines Frühstück, dann wieder Schule. Beim gemeinsamen Mittagessen durfte nicht geplaudert werden, von lustigem oder gar verschwörerischem Schnattern, wie es Schulmädchen nun einmal gern tun, gar nicht erst zu sprechen; lediglich das Klappern von Geschirr und Besteck durchbrach die geisterhafte Stille, denn wir wagten kaum zu flüstern. Nach einer kurzen Verschnaufpause hieß es »silentium« – Hausaufgaben waren zu erledigen, bevor man sich bereits wieder zum Abendessen um 18 Uhr einzufinden hatte. Etwa eine halbe Stunde durften wir etwas lesen, was nicht unbedingt mit der Schule zu tun haben musste, schon rief uns die Glocke zum Nachtgebet. Der letzte Befehl des Tages lautete »Licht aus«, und für eine weitere Nacht senkte sich die Einsamkeit in meine Seele.

Meine ganze Geschicklichkeit war gefragt, um mir wenigstens ab und zu eine Insel der Geborgenheit in diesem Gefängnis zu verschaffen, und so verfiel ich auf die blendende Idee, mir mittels »Fieber« eine Auszeit vom Drill und den immergleichen monotonen Abläufen zu gönnen. Selbstverständlich kann ein krankes Mädchen nicht am Unterricht teilnehmen – es würde womöglich die anderen der Klasse anstecken, eine Katastrophe für das ganze Haus. Der sehr willkommene Nebeneffekt: Ich müsste ein paar Tage wenigstens nicht in aller Herrgottsfrühe aus den Federn, und zudem würde man sich ganz liebevoll um mich kümmern.

Gedacht, getan; allerdings etwas zu gut und etwas zu oft. Es gelang mir zwar, das Thermometer so überzeugend zu manipulieren, dass unter den Ordensschwestern allmählich eine nervöse Unruhe ausbrach; als ich es jedoch eines Tages übertrieb – das Thermometer zeigte 43 Grad Fieber, was tödlich verläuft –, fackelten die Schwestern nicht lange und transportierten mich kurzerhand ins Krankenhaus. Nach einer Nacht unter Beobachtung entließen mich die ratlosen Ärzte ohne Befund; Kunststück, in welchem Medizinerhandbuch ist unter 43 Grad Fieber wohl »mit heißem Wasser hochgetriebenes Thermometer« vermerkt?

An meiner Einsamkeit, an meinem Verlassenheitsgefühl änderte sich auch durch solche Kapriolen leider nicht viel; deshalb verfiel ich eines Tages auf die Idee, durch

Buße wenigstens Gott näherzukommen. Dazu wollte ich ihm ein Opfer bringen und habe Kieselsteine gesammelt, die ich dann – nach der eiskalten Dusche – mit in die Morgenandacht nahm und auf die Bank legte, auf die ich mich daraufhin mit bloßen Knien niederließ. Natürlich habe ich keiner Menschenseele davon erzählt, aber nach dieser Erfahrung, die ich mehrmals wiederholte, fühlte ich mich auf eine kindliche Art geborgen.

Meine Cousine bot mir keine große Unterstützung, sie war ja selbst noch sehr jung. Und es gab etwas, das ich ihr krummnahm, obwohl sie überhaupt keine Schuld traf: Ihre Eltern kamen jedes Wochenende nach Albi und brachten ihr frisches Obst und Süßigkeiten mit. In mir entbrannte eine flammende Eifersucht, nicht so sehr wegen der Schleckereien – heute glaube ich, dass ich es einfach nicht ertragen konnte, sie mit ihren Liebsten zu sehen, während ich mich so allein fühlte. Es ist albern, ich weiß es, aber diese Erfahrung prägte mich so stark, dass ich seither keine Äpfel esse – genau diese rotglänzenden von zu Hause …

Hilfe näherte sich in Form eines »Engels« namens Chrysostome – noch heute überkommt mich eine große Sympathie, wenn ich an sie und ihre Herzenswärme denke. Diese junge Nonne erwies sich als meine wichtigste Stütze in dieser unendlich schwierigen Zeit; sie schien ein untrügliches Gespür dafür zu haben, wenn ich eine schlaflose Nacht am nächsten Morgen mit angestrengter Munterkeit zu überspielen suchte. Warf sie mir im Unterricht einen aufmunternden Blick zu, fühlte ich mich in Sicherheit, und die Welt war wieder ein kleines bisschen in Ordnung.

Schwester Chrysostome verstand mich; sie schien nur unwesentlich älter zu sein, aber ihr genaues Alter war in der vor lauter Stärke raschelnden Tracht nicht festzustellen. Auf jeden Fall war sie im Herzen, in ihrem ganzen Verhalten jung, verständnisvoll und humorvoll. Ohne viel Aufhebens zu machen, bemerkte sie sofort, ob ihr Schützling wieder einmal mutlos vor Heimweh war. Worte waren nicht nötig, ich hätte es auch nie gewagt, ihr, einer Fremden, meine Angst, meine Einsamkeit und meinen Hader mit dem Schicksal zu offenbaren – so etwas gehörte sich damals einfach nicht. Von zu Hause kam diesbezüglich auch keine Hilfe, und so wurde diese junge Nonne besonders nachts, in meinen Träumen zu meinem einzigen Halt.

Von den Kämpfen in den letzten Wochen des Zweiten Weltkriegs bekamen wir in unserer kleinen Internats-Enklave nicht wirklich etwas mit. Erst als sich die deutschen Truppen aus der Provence zurückzogen, erlebte ich hautnah, welch Elend außerhalb unserer Internatsmauern seinen Lauf nahm. Mit meiner Schwester Aimée und ihrer Familie verbrachte ich ein paar Tage in Mollans; Aimée, inzwischen verheiratet und Mutter von zwei Kindern, wollte ein wenig ausspannen, und wir freuten uns auf die »kleine Schwester – große Schwester«-Gespräche. Wir hatten jedoch einen äußerst ungünstigen Moment gewählt, denn just für diese Zeit legten die Deutschen ihre Rückzugsroute fest – mitten durch Mollans. Nur weg, so schnell wie möglich, war unser einziger Gedanke, bevor wir Hals über Kopf, mit dem Nötigsten am Körper und in den Händen unser Haus verließen. Buchstäblich in letzter Sekunde entkamen wir und konnten bei Bauern in der Haute Provence unterschlüpfen. Nach einigen bangen Tagen gab es Entwarnung: Die feindlichen Soldaten hatten sich nach Norden zurückgezogen.

Erschöpft kehrten Aimée, ihr Mann, ihre Kinder und ich nach Mollans zurück. Wir waren mit dem Leben davongekommen, doch der Anblick unseres idyllischen Domizils zerriss mir fast das Herz: Alles, aber wirklich alles war verwüstet; rundherum verbrannte Felder, das Ausmaß der Zerstörung kannte keine Grenzen. Im Haus lag kein Gegenstand mehr an seinem Ort, die Einrichtung war verschwunden oder zertrümmert, es herrschte ein unbeschreibliches Chaos, als wäre ein Orkan durch alle Zimmer gefegt. Das Schlimmste für mich aber war: Alle Familienfotos – ein Raub der Flammen –, meine Zeichnungen, meine Unterlagen, alle Dokumente waren restlos zerstört.

Es mag erstaunen, aber in diesem Inferno dachte ich nicht eine Sekunde an materielle Dinge wie Kleider, Schmuck oder Bilder, die für immer verloren waren. Nachdem ich mich überzeugt hatte, dass niemand in unserem Dorf ums Leben gekommen war, galten meine Gedanken ausschließlich den Tieren, die verjagt oder sinnlos abgeschlachtet worden waren. Was war aus den Hunden unserer Nachbarin geworden, konnten sich die Schafe des Bürgermeisters, auf die er so stolz war, in die Berge retten? Sind die Hühner von Madame Pinot verschont geblieben – Fragen, die mich lange quälten und für immer wiederkehrende Alpträume sorgten.

Mollans wurde schließlich von den Amerikanern befreit. Wie Wesen von einem anderen Stern marschierten sie lachend und scherzend durch die Gassen, ihre unbändige Lebenslust übertrug sich – wenn anfangs auch nur zögerlich – auf uns, denen die Angst und der Schrecken der Flucht und der Verwüstung noch immer in den Knochen saßen. Die GIs suchten den Kontakt zur lokalen Bevölkerung, vor allem die Kinder und Jugendlichen hatten es ihnen angetan. Nun: Mit Speck fängt man bekanntlich Mäuse, und mit Süßigkeiten und Schokolade problemlos neugierige, von Kriegserlebnissen gezeichnete Kinder. Hätten Sie etwa diesen köstlich realen Träumen aus Sahnekaramell, das wie Butter auf der Zunge verging, widerstehen können? Es schien, als hätte der liebe Gott nur vergessen, das Schlaraffenland auf der Weltkarte genau einzuzeichnen. Was aber tagsüber zu zuckersüßen Schwelgereien führte, verwandelte sich nachts für mich in eine Tortur. Nein, nein, ich hatte kein Bauchweh von zu viel Schokolade, ganz im Gegenteil, ich träumte Nacht für Nacht einen grässlichen Traum. Vorausschicken muss ich dazu folgende Information: Was für uns Kinder die Süßigkeiten bedeuteten, das waren für die Erwachsenen die zu Hunderten aus Flugzeugen abgeworfenen Carepakete. Diese von kirchlichen und anderen Hilfsorganisationen in Amerika vorbereitete Aktion linderte das größte Elend in Europa, denn obwohl der Krieg vorbei war, herrschte überall Not, da es kaum etwas zu kaufen gab. Wer eines dieser Pakete ergattern konnte, dessen Familie musste sich für ein paar Tage keine Sorgen um die Ernährung machen. Unablässig wurde in meiner Umgebung über diese geheimnisvollen Flugzeuge gesprochen, bis sie sich selbst in meinen Schlaf einschlichen. In besagtem Traum lief ich in einem Kleid hinaus auf die Felder und starrte erwartungsvoll nach

25

oben. Irgendwann würden diese Flugzeuge auftauchen und dann wäre ich als Erste zur Stelle, um die buchstäblich vom Himmel fallenden Kostbarkeiten in diesem extraweiten Kleid aufzufangen. Wie das kleine Mädchen in dem bezaubernden Märchen »Die Sterntaler« der Gebrüder Grimm würde ich reich beladen nach Hause kommen und meine Familie mit lauter kulinarischen Köstlichkeiten verwöhnen. So ungern ich es zugebe: Es gelang mir nie, diesen Traum, pardon, die Piloten, in die erhoffte Richtung zu lotsen …

Allmählich kehrte wieder die Normalität ein, die Menschen räumten Schutt und Asche weg, bauten ihre zerstörten Häuser wieder auf, schöpften neue Hoffnung, und auch die Schulen nahmen ihren Betrieb wieder auf. Meine Mutter holte mich für die letzten Schuljahre nach Nizza zurück. Dass ich studieren würde, war eine Option, alle ihre Kinder würden eine gute Ausbildung bekommen und möglicherweise gar eine akademische Laufbahn einschlagen. Eine Weile liebäugelte ich mit Medizin, wollte – wie Albert Schweitzer – als Ärztin das unmenschliche Leiden in der Welt lindern; doch es kam ganz anders.

Niemand in meiner näheren Umgebung, nicht einmal meine Mutter – die über einen sechsten Sinn verfügte, wenn man etwas vor ihr verheimlichen wollte – ahnte, dass ich in den Schulpausen klammheimlich Modell für Badeanzüge stand. Das stärkte mein Selbstbewusstsein, das in Albi so gelitten hatte, und besserte nebenbei mein karges Taschengeld erheblich auf. »Entdeckt«, oder besser gesagt angesprochen, hatte mich ein Fotograf auf dem Heimweg von der Schule; ich zögerte nicht lange, der

Mann wirkte absolut vertrauenswürdig, es waren stets eine Menge Leute dabei und ich wollte mir beweisen, dass ich das schaffen konnte. Mich interessierten weder die Mode noch die schrägen Vögel, die aufgeregt hin und her huschten, ich wollte so schnell wie möglich unabhängig werden, und so akzeptierte ich den Auftrag nach einem Probeshooting sofort. Allerdings: Meine Mutter durfte unter keinen Umständen erfahren, dass ich vor einem fremden Mann in einem Badeanzug auf und ab lief und dieser mit Fotos ihrer leichtbekleideten Tochter auch noch gutes Geld verdiente. Es blieb mir keine andere Wahl, als zu einer Notlüge zu greifen und ihr vom »Stress in der Schule« vorzujammern oder zu behaupten, nachmittags mit Freundinnen für die Prüfungen zu büffeln. Sollte meine Mutter je von meinen ersten Schritten im Modell-Business erfahren haben, dann hat sie dieses Geheimnis für sich behalten.

Spätestens um 22 Uhr hatte ich damals zu Hause zu sein, was mir nicht immer leichtfiel. Mit Glück erwischte ich meist knapp den letzten Bus nach Hause; reichte es jedoch nicht für den »Lumpensammler«, war mein Erfindungsgeist gefragt, denn schon von weitem erkannte ich das hellerleuchtete Zimmer meiner Mutter. Nie wäre sie schlafen gegangen, ohne ihre Tochter sicher daheim im Bett zu wissen; also vertrieb sie sich die Wartezeit damit, unzählige Tischdecken oder Servietten zu besticken. Meine Ausreden klangen selbst in meinen eigenen Ohren ziemlich lahm – »ich habe den letzten Bus verpasst und musste mich nach Hause fahren lassen« – und meine Mutter war viel zu klug, um sie nicht zu durchschauen, aber sie ließ mir die Schwindeleien durchgehen, weil

27

meine Leistungen in der Schule unter diesen kleinen Eskapaden nicht litten. Meine Verehrer, die mich bis vor die Haustür chauffierten, mussten mir allerdings vorher hoch und heilig versprechen, zum Abschied keinen Kavalierstart hinzulegen und auch kein Hupkonzert zu veranstalten. Meine Mutter wäre umgehend ans Fenster gestürzt, und dann wäre es mit ihrer Nachsicht vorbei gewesen.

Um sie ja nicht zu stören, zog ich meine Schuhe gleich im Eingang aus und schlich barfuß in mein Zimmer. Daher stammt meine Angewohnheit, mir die Schuhe auszuziehen, sobald sie mich stören oder drücken – egal, wo immer ich mich gerade befinde; was zu amüsanten Fotoaufnahmen führte, als ich Jahrzehnte später, die Schuhe in der Hand, aus dem Salzburger Festspielhaus ins Restaurant Goldener Hirsch schlenderte.

Ach übrigens: Auch wenn sie nie ein Wort darüber verlor, meine Mutter hat es ganz sicher jedes Mal bemerkt, wenn ich mich heimlich ins Haus schlich, Mütter merken das einfach – was ich, aufgrund meiner späteren Erfahrungen mit meinen beiden Töchtern, inzwischen nur bestätigen kann.

Nicht nur ein Kleid von Dior

Hinaus ins Leben, endlich frei, denn ich hatte meine Mittlere Reife bestanden, mit sehr zufriedenstellenden Noten. Es waren für mich die beiden Worte mit dem verheißungsvollsten Klang: Schule beendet – ich konnte sie nicht oft genug hören. Als Belohnung erlaubte meine Mutter, eine Vier-Tage-Reise nach Paris zu unternehmen – in Begleitung von Bruno Blasco-Ibáñez, seinem Bruder Vincent sowie einer Freundin aus meiner Kindheit.

Die Familie Blasco-Ibáñez gehörte zu den guten Freunden meiner Mutter. Ihre Villa Fontana Rosa in Menton an der italienisch-französischen Grenze, in der wir oft zu Gast waren, gilt auch heute noch als eines der schönsten Domizile der ganzen Côte d'Azur; das Anwesen beherbergte damals einen eigenen Kinosaal, drei Bibliotheken mit kostbaren Büchern aus allen Epochen und einen Swimmingpool im griechisch-römischen Stil von nahezu olympischen Ausmaßen.

Zu viert kurvten wir mit dem Auto über die Serpentinen des Esterel-Massivs und durchquerten halb Frankreich, um nach achtzehn Stunden müde, aber voller Erwartungen unser Ziel zu erreichen. Hauptsache Paris, Großstadt-Feeling, der Duft der weiten Welt, dazu zwei elegante junge Herren an der Seite – was wollte ich mehr? 29

Wir stiegen im Hotel d'Ièna an der Place d'Ièna, in der Nähe des Luxushotels Plaza Athenée, ab, in dem ich später oft mit Herbert wohnen sollte.

Paris pulsierte, die Menschen stürzten sich ausgehungert auf alles, was das Leben zu bieten hatte. Der Film noir eroberte die Kinos, Regisseur Henri-Georges Clouzot machte Cécile Aubry in *Manon* zum großen Star, Jean Gabin nahm seine durch den Krieg unterbrochene Rolle als wichtigster französischer Charakterdarsteller wieder auf und Jeanne Moreau startete ihre kometenhafte Karriere in Richard Pottiers *Klagt mich an!* In der Philosophie trat mit Albert Camus, Simone de Beauvoir, Gabriel Marcel und vor allem Jean-Paul Sartre die Generation der Existentialisten an; ihre Anhänger debattierten, meist in melancholisches Schwarz gehüllt, im Café de Flore und Café Les Deux Magots über Sartres Hauptwerk *Das Sein und das Nichts* bis in die Nächte hinein. Übrigens: Bruno kannte den Jahrhundert-Philosophen persönlich, da sein aus Spanien stammender Vater die Werke von Sartre in seine Muttersprache übersetzt hatte. Doch wir wollten etwas erleben und uns nicht in die damals angesagte Debatte über die grundsätzliche Frage nach dem Sinn des Lebens einschalten; solche existentialistischen Themen konnten für uns ruhig noch etwas warten.

In der Mode gab Christian Dior den »New Look« vor: schmale Taille, ein figurbetontes Oberteil und weite, schwingende Röcke; er selbst nannte seine Kollektion »Ligne Corolle« – Blütenkelch-Linie. Bruno Blasco-Ibáñez, der damals in der Pariser Gesellschaft ein und aus ging, war bekannt mit ihm und ermöglichte uns gleich am nächsten Vormittag einen Besuch im Haute-Couture-Haus Dior an der Avenue Montaigne Nr. 30.

Das imposante Foyer war ganz in Louis-seize eingerichtet, doch mir blieb kaum Zeit, alles in mich aufzunehmen, denn ein kleiner Mann mit polierter Glatze und in weißer Schürze betrat, diverse Zeichnungen in seiner Hand kritisch musternd, den Raum. Wie von einer unsichtbaren Wand gestoppt, blieb er abrupt stehen und deutete auf mich: »Diese junge Dame muss das Hochzeitskleid vorführen«, entschied er und wedelte mit einem großen Skizzenblatt, auf dem ich ein traumhaftes Gebilde mit meterlanger Schleppe sah, vor meiner Nase herum.

»Mademoiselle, welch wunderbare Silhouette! Sie haben herrliches Haar und ein Profil, das einzigartig ist. Wie heißen Sie?«

»Eliette Mouret«, antwortete ich etwas eingeschüchtert von diesem Energiebündel. Gleichzeitig amüsierte es mich, dass dieser Modegott mich, das junge, von der Sonne braungebrannte Mädchen aus der Provinz, für eines der exquisiten Mannequins hielt, deren großformatige Porträts die Wände des Salons zierten.

Toll, aber: »Monsieur, Monsieur …«, meldete ich mich.

»Dior«, kam es wie aus der Pistole geschossen zurück – es war nicht einmal Zeit gewesen, uns miteinander bekannt zu machen.

»Monsieur Dior, vorher muss ich meine Mutter fragen.«

Verblüfft stimmte Christian Dior in das schallende Gelächter von Bruno ein und meinte: »Aber bitte schnell, Mademoiselle, wir wollen die Damenwelt ja nicht zu lange auf dieses Hochzeitskleid warten lassen, nicht wahr?« Und schon war er wieder verschwunden.

31

Was für ein Auftritt! Mein erster Parisaufenthalt hielt noch eine weitere Begegnung mit einem großen Star für mich bereit, wenn auch auf ganz anderem Gebiet: Dank Brunos exzellenten Beziehungen war es mir vergönnt, in einem eleganten Nachtclub die unvergleichliche Edith Piaf live zu sehen und zu hören. Falls Sie den fantastischen Film *La vie en rose* bereits gesehen haben, verstehen Sie mich, wenn ich sage, dass mich das Schicksal dieser außergewöhnlich mutigen, verletzlichen und taffen Frau, die unerschrocken ihren Weg aus den ärmsten Pariser Bezirken bis ins gleißende Scheinwerferlicht von New Yorks Konzertsälen ging, zu Tränen gerührt hat. Und falls Sie ihn noch nicht gesehen haben, dann möchte ich Ihnen diesen Film sehr ans Herz legen.

Bis in die Haarspitzen erfüllt mit wegweisenden Eindrücken, legte ich mir auf der Heimfahrt nach Nizza einen Plan zurecht, wie ich die Zustimmung meiner Mutter erwirken könnte, als Modell für Dior tätig zu werden, bevor erneut konzentriertes Lernen angesagt war. Meine Mutter erwartete mich bereits und merkte schnell, dass ich etwas im Schilde führte. Ohne Umschweife kam sie, wie immer, direkt auf den Punkt: »Eliette, gibt es etwas, das du mir sagen möchtest?«

»Es ist so, also, äh, nun ja«, stotterte ich aufgeregt, »Christian Dior hat mir angeboten, bei seiner nächsten Modenschau das Hochzeitskleid vorzuführen.« Nun war es heraus, und bangend beobachtete ich ihre konsternierte Miene.

»Eliette, es kommt überhaupt nicht in Frage, dass du wegen ein paar Kleidern deine Ausbildung vernachlässigst!«

32

Sie schien unerbittlich, es war für sie sonnenklar, dass mich der nächste Schritt in meinem Lebensplan auf direktem Weg in eine richtige Berufsausbildung führen würde, das anrüchige Leben eines Modepüppchens in der Glamourwelt der Modeindustrie war in einer Familie wie meiner nicht vorgesehen.

Prompt erwachte der Trotzkopf in mir, aber mir war bewusst, wenn ich wirklich nach Paris wollte – und das wollte ich unbedingt –, musste ich mich nun äußerst geschickt verhalten. Also entfaltete ich meinen ganzen Charme: »Lass mir ein wenig Freiheit, gönn mir ein halbes Jahr. Ich verspreche es: Maximal ein halbes Jahr, und danach beginne ich eine Ausbildung. Großes Indianerehrenwort.« Und dann zückte ich meine Trumpfkarte: »Es heißt doch, man darf seine Träume nicht verraten, das hast du selbst immer gesagt.«

Mutter konnte und wollte es mir offenbar nicht abschlagen, in der Metropole mein Glück zu versuchen, und so ließ sie sich erweichen, selbstverständlich nicht ohne ausführliche Ermahnungen vor den Gefahren der Großstadt und nicht ohne mir das Versprechen abzunehmen, umgehend nach Hause zurückzukehren, wenn sich meine Vorstellungen bezüglich dieses Abstechers in die Modewelt viel schneller als erwartet als Seifenblasen entpuppen sollten.

Mit fünfhundert Francs Startkapital von zu Hause – damals ein kleines Vermögen – bestieg ich in Nizza den Zug nach Paris. In der Rue Molitor, im vornehmen 16. Pariser Bezirk, fand ich rasch ein gemütliches Zimmer bei der Familie Dabader; mein neues, aufregendes Leben konnte also beginnen.

Die Existenz als Modell ist hart, das erfuhr ich schnell – wer nicht bereit ist, alles zu geben, und zwar wirklich alles, hat schon verloren, bevor das Ganze überhaupt erst richtig angefangen hat. In aller Herrgottsfrühe stand ich jeden Morgen zähneknirschend auf – wie im Lycée Saint-Cécile –, es reichte gerade für eine Tasse Kaffee im Stehen, schon machte ich mich in bequemen Schuhen auf den Weg ins Atelier. Mittagessen war meistens gestrichen, keine Zeit, die nächste Anprobe wartete bereits, und nahezu alles immer im Stehen, weshalb man ohne bequeme Schuhe in diesem Business keine drei Tage ohne mörderische Blasen an den Füßen übersteht.

Mir war seit meiner ersten Begegnung mit Christian Dior klar, dass ich unbedingt für ihn arbeiten wollte; seine Begeisterung für die von ihm entworfenen Träume aus Seide, Chiffon und Organza wirkte beflügelnd und hatte mich völlig in ihren Bann gezogen. Und mich beeindruckte sein Werdegang, denn Christian Dior, dem Sohn eines Großindustriellen in der Normandie, stand nach seiner erfolgreichen Ausbildung im diplomatischen Dienst eine glänzende Karriere offen. Doch sein Herz schlug für die Kunst, und so begann er als Galerist, erlitt damit aber Schiffbruch. Zum Glück erkannte der französische Industrielle Robert Piquet, welch außergewöhnlichem Talent er begegnet war, und engagierte den hochbegabten Maler und Zeichner als Designer. Der Rest ist inzwischen Modegeschichte, und ich war mittendrin.

Christian Dior interessierte sich für meine Meinung und behandelte mich nicht als stummen Kleiderständer; daraus ergab sich eine ergiebige Zusammenarbeit, und über Nacht wurde ich das Hut-Modell von Dior. Kaum ein halbes Jahr war vergangen, schon bewegte ich mich wie selbstverständlich in der Fashionwelt und arbeitete mit den besten und bekanntesten Fotografen der Branche.

Denke ich an jene Zeit zurück, kann ich mich auch heute nur wundern, wie schnell sich meine Karriere entwickelte. Bald hatte ich so viel verdient, dass ich mir mein erstes eigenes Auto leisten konnte: einen dunklen Renault 4. Zugute kam mir von Anfang an, dass ich mir stets meine Unabhängigkeit bewahren konnte, mich trotz meiner Jugend und Unerfahrenheit von aberwitzigen Versprechen nicht habe einwickeln, vom Glitzer des Tands nicht habe blenden lassen.

Es mag arrogant klingen, aber Mode an sich war und ist mir absolut unwichtig. Ob die Röcke maxi, midi oder mini getragen werden, ist mir von Herzen gleichgültig; sind Blusen oder Pullover diese Saison »in«, trägt die Frau von Welt Leoparden- oder Folkloremuster – ich weiß es nicht, und es ist mir egal. Kleider sind eine Notwendigkeit, sie müssen praktisch und bequem sein, und wenn die Trägerin damit ihre besten Seiten vorteilhaft zur Geltung bringen kann – wunderbar; aber deswegen viel Aufwand zu betreiben, kostbare Zeit damit zu vergeuden, einem Trend hinterherzuhecheln, das fällt mir nicht im Traum ein. Hingegen fasziniert mich bis heute, wie kreative Denker das Lebensgefühl, die Vibrationen ihrer Zeit, aktuelle Themen und Ereignisse umsetzen. Meister ihres Fachs wie Christian Dior in der Haute Couture, Pablo Picasso in der Malerei oder eben Herbert von Karajan in der Musik weckten mein Interesse und meine Aufmerksamkeit, weil sie es wagten, neue Wege zu beschreiten; sie ließen sich nicht irritieren, von Widerspruch, Zweiflern oder Neidern nicht abschrecken, ihrer Leidenschaft, ihrer Berufung bedingungslos zu folgen.

Es ist Ihnen wohl kaum verborgen geblieben: Obwohl die Mode- und Modellwelt mein Sprungbrett war, hege ich keine besonders herzlichen Gefühle für sie. Das hat mit den Auswüchsen in diesem Business zu tun; schon zu meiner Zeit mochte ich es nicht, stundenlang Kilometer um Kilometer auf dem Laufsteg abzuspulen und irgendwelche Kleider eher gelangweilten Damen vorzuführen. Doch im Vergleich zu heute ging es uns noch ausgesprochen fürstlich, denn wie sich diese Szene inzwischen entwickelt hat, darüber kann ich nur den Kopf schütteln. Heerscharen von jungen Mädchen ruinieren ihre Gesundheit, um für ein paar Monate im Scheinwerferlicht zu stehen, das die Angestrahlte selbst nur blendet!

Ehrlich gesagt bin ich sehr froh, dass keine meiner beiden Töchter mir diesbezüglich nacheiferte; das muss bei aller Wildheit und meinem Hang zu ausgefallenen Spleens wohl der äußerst bodenständige Anteil in mir sein, der mir und meinen Kindern ein gesundes Vertrauen in die eigene Kraft und die Natur mit auf den Weg gegeben hat. Ohne diese Widerstandsfähigkeit, diesen Sinn für das Echte und Wahre – wer weiß, ob ich so unbeschadet diese Glamourwelt hätte verlassen können. Und dafür bin ich dem lieben Gott und meinem Schutzengel sehr, sehr dankbar.

Bereits ganz zu Beginn meiner Stippvisite in der Modebranche fand ich heraus, wie ich mich in dieser Welt durchsetzen konnte. Es brauchte nicht viel, um zu erkennen, wie gut mein Gesicht auf Porträts zur Geltung kam;

so setzte ich auf die Fotografie und nahm nur in Ausnahmefällen die Angebote für Modenschauen auf dem Laufsteg an. Zudem ahnte ich, dass Christian Dior mich – bei aller Sympathie und Freundschaft, die uns verband – irgendwann fallenlassen würde, wie Dutzende von Mädchen vor mir. Zu schnelllebig, zu sehr auf der Jagd nach immer Neuem, nach immer Exotischerem, bleibt in diesem Umfeld kaum Zeit für tragfähige Beziehungen; das ist wohl die Crux in diesem Geschäft. Und vielleicht ist es auch vermessen, von Menschen, deren Beruf es ist, sich um die Oberfläche zu sorgen, tiefschürfende Äußerungen zu erwarten. Nur wenige schaffen es, sich selbst treu zu bleiben, und zu denen wollte ich unbedingt gehören. Außerdem eignete ich mich auch nicht besonders als unverzichtbare, aber stumme »Muse« wie beispielsweise die reizende Bettina Graziani für Hubert de Givenchy. Ich war schlicht zu eigensinnig, war neugierig und wollte meine eigenen Vorstellungen realisieren. Also entschied ich, meine Zukunft selbst in die Hand zu nehmen.

Meine nächste Station hieß London; die englische Metropole galt zu jener Zeit nicht gerade als »fashionable«, doch einige Designer hatten sich bereits außerhalb des Empires einen Namen gemacht. Victor Stiebel war einer von ihnen, der sich auch für sein Land in den Kriegszeiten verdient gemacht hatte. Interessanterweise als Designer, und das kam folgendermaßen: Teure Stoffe wie Seide und Nylon durften nur noch für die Herstellung von Fallschirmen verwendet werden; aus Golfbällen wurden Gasmasken und aus Matratzen Rettungswesten hergestellt. Das britische Handelsministerium verpflichtete eine Gruppe von Couturiers dazu, unter ihnen Victor Stiebel, Gebrauchskleidung zu entwerfen, die in Massen produziert und gegen Kleidermarken verkauft werden sollte. *Vogue* unterstützte die Kampagne und sah darin für Normalsterbliche eine »einmalige Chance«, von hervorragenden Designern entworfene Kleider von der Stange zu erwerben.

Eine meiner in London lebenden Freundinnen hatte dem Chef einer großen britischen Modell-Agentur von mir vorgeschwärmt, und dieser nahm mich umgehend unter Vertrag. Für mich war es sowieso an der Zeit gewesen, Paris den Rücken zu kehren, und so ergriff ich ohne zu zögern die Gelegenheit beim Schopf, meine Zelte im »swinging London« aufzuschlagen.

Victor Stiebel hatte bereits Aufnahmen von mir in *Vogue* gesehen und wir waren uns ein oder zwei Mal bei einer Abendgesellschaft begegnet; wir hatten damals eher scherzhaft darüber spekuliert, wie es wohl für eine sonnenverwöhnte, typische Französin sein würde, Mode im nasskalten England zu präsentieren. Nun war der Zeitpunkt gekommen, mich Victor Stiebel wieder in Erinnerung zu bringen, was der Agenturboss sofort veranlasste.

Stellen Sie sich einen englischen Gentleman vor, wie er im Buche steht – das ist Victor Stiebel. Galant, von ausgesuchter Höflichkeit, stets mit untadeligem Understatement agierend und ausgestattet mit britischem Humor, der wirklich einzigartig ist. Victor Stiebel gehörte zur ersten Garde der britischen Modemacher, sein Salon an der Grosvenor Street im feinen Westminster-Quartier war ein bevorzugter Treffpunkt der Damen der englischen High Society. Was ihn besonders auszeichnete: Er gehörte zum erlesenen Kreis einiger weniger, denen überhaupt Zutritt zum Buckingham-Palast gewährt wurde, um dort ihre Zeichnungen, ihre Stoffe und ihre Ideen vorzustellen.

Die Zusammenarbeit mit Stiebel erwies sich von Anfang an als Glücksfall, und zu ihr gehörte einer der wenigen Höhepunkte in meinem Modell-Leben, an den ich mich mit Freude erinnere. Obwohl ich in der Regel eisern dabei blieb, nur für Foto-Sessions zur Verfügung zu stehen, machte ich in einem besonderen Fall mit Vergnügen eine Ausnahme: »Lord Victor« – wie wir ihn unter uns wegen seiner Noblesse heimlich nannten – sollte seine neuesten Abendroben Queen Mum vorstellen. Sie ließ sich damals noch als »Her Majesty Queen Elizabeth The Queen Mother« ansprechen, ihr Mann, König George VI., war 1952 gestorben und ihre Tochter Elizabeth hatte 1953 den britischen Thron bestiegen. Für besagte Vorführung buchte Stiebel meine Freundin Fiona Campbell-Walter und mich, wir verkörperten für ihn das, was er ausgesuchte Eleganz und perfektes Auftreten nannte. Natürlich waren wir aufgeregt, man schreitet ja nicht jeden Tag vor einer der bedeutendsten Frauen des 20. Jahrhunderts auf und ab – und bei aller Nervosität, ich war »very amused«.

In London erlebte ich eine unglaublich aufregende Zeit. Wohnen konnte ich bei einer Freundin am Redland Drive, einer Erbin der Guinness-Bier-Dynastie, die das dunkle Stout aus Irland weltweit vertrieb und eine der reichsten Familien des Vereinigten Königreiches war. Die »golden fifties« haben wir aus vollem Herzen genossen; attraktive Verehrer standen Schlange, einer von ihnen sandte mir die schönsten Liebesbriefe, die ich je bekommen habe, und jeden Montag die herrlichsten Blumen. Die Wochenenden verbrachten wir meist auf dem Land, zum Beispiel besichtigten wir diverse Schlösser oder nahmen an den in England so beliebten Tee-Partys und Picknicks unter freiem Himmel teil. Auch die angeblich so steifen Briten wissen zu feiern, wie wir bei vielen originellen Festen bis in die frühen Morgenstunden miterlebten.

Um mich von all den Anstrengungen zu erholen und frisch und ausgeruht meinen Job machen zu können, zog ich mich, wann immer sich ein paar freie Tage dazu boten, nach Nizza zurück. Lange sollte ich mich in der Provence allerdings nicht mehr ungestört erholen können; als die internationalen Medien Wind davon bekamen, dass »etwas« zwischen mir und Herbert von Karajan im Gang war, begannen für mich strapaziöse Zeiten, die ich mir so nie hätte vorstellen können.

PS: Das Hochzeitskleid von Christian Dior, Sie erinnern sich, das den Grundstein für meine Modell-Karriere legte, führte ich tatsächlich in jener Show vor. Das Kleid hingegen, in dem mich die große Liebe meines Lebens vor den Traualtar führte, war ein waschechtes Dirndl – wie es sich gehört, wenn man einen Österreicher in einer Bergkapelle heiratet.

Herzklopfen im Dreivierteltakt

Wahre Liebe kennt keine Grenzen, bedingungslose Liebe überwindet alle Hindernisse und ist das größte Wunder, das der Himmel für uns bereithält. Nichts bewegt die Menschen so sehr in der Seele wie die Irrungen und Wirrungen einer großen Leidenschaft: Caesar und Kleopatra, Romeo und Julia, Tristan und Isolde, Iason und Medea, Abélard und Héloise – ihre Sehnsüchte und Hoffnungen, ihre Leiden und Nöte füllen Band um Band der Weltliteratur, werden in ergreifender Musik besungen und bewegen seit Jahrhunderten jede Generation aufs Neue.

Millionen Frauen auf der ganzen Welt träumen von einer solch tiefen Leidenschaft, von dem einen – und sonst keinem –, und dann ist dieser Mann, dem sie so gern ihr Herz in vertrauensvoller Hingabe schenken wollen, bereits gebunden. Vergeben an eine andere, die irgendwann den gleichen Traum träumte. Ist das nicht zum Verrücktwerden? Genauso erging es mir: Herbert von Karajan, der Meister des Taktstocks und gefeierte Erneuerer der Klassikszene, war verheiratet. Und damit absolut tabu für mich. In dem Moment, in dem mir ganz unmissverständlich bewusst wurde, dass ich Gefahr lief, mein Herz an diesen Mann zu verlieren, zog ich mich zurück.

Den Rückzug trat ich keineswegs aus Koketterie an, ich wollte in erster Linie meinen Prinzipien treu bleiben. Noch befanden wir uns in einem unverfänglichen Stadium, wir waren ab und zu miteinander ausgegangen, verstanden uns prächtig, konnten miteinander sprechen und lachen, aber auch – für ihn wie für mich sehr wichtig – gemeinsam schweigen; doch nun fühlte ich ganz deutlich, dass ich begann, mich in diesen wunderbaren Mann ernsthaft zu verlieben, und dass es zu gefährlich wurde. Das tat sehr weh, aber es gab keine andere Lösung, denn: wie viel Unglück würde ich verursachen, wenn ich ihn ganz für mich haben wollte, wenn ich ihn zwang, sich zu entscheiden. Dann lieber jetzt dem Unvermeidlichen ins Auge blicken, solange es noch nicht zu spät ist – so dachte ich zu jenem Zeitpunkt.

Vielleicht fragen Sie sich, wie es denn um ihn stand, um Herberts Gefühle für mich? Dieser Mann, berühmt für seine Konzentration und Beherrschtheit, konnte zwar aus vollem Herzen lachen, herumalbern und war ein ausgezeichneter Witzerzähler, aber von seinen wirklichen Empfindungen für mich ahnte ich damals noch nichts – er war viel zu verschlossen und sprach nie darüber. Natürlich quälten mich Fragen: Gefiel es ihm einfach, eine junge, umschwärmte Frau an seiner Seite zu wissen? Wie ernst war es ihm damit, dass ihm meine Natürlichkeit, meine unverdorbene Neugier und erfrischende Offenheit einen Quell der Inspiration bedeutete? Und selbst wenn das alles stimmte – wir konnten nicht bis in alle Ewigkeit so weitermachen, irgendwann würde die Presse Wind von unserer Bekanntschaft bekommen, und dann wäre die Hölle losgebrochen.

Stellen Sie sich nur einmal die Schlagzeilen in der Boulevard-Presse vor: Begnadeter Generalmusikdirektor Europas liebt französisches Fotomodell. Nicht auszudenken, was meine Familie dazu gesagt hätte, wie sehr ich sie und alles, was bei uns als hoch und heilig galt, beschämt hätte. Auch konnte ich mir eine Zukunft mit Herbert von Karajan nicht recht vorstellen. Wie auch? Dieser brillante Mensch lebte, ja, atmete Musik. Seine Welt bestand aus Klängen und Tönen, Melodien und Harmonien, für etwas anderes oder jemand anderen gab es kaum Platz darin. Und nicht zuletzt war er wesentlich älter als ich.

Falls das nun etwas kühl klingt, etwas gar zu überlegt, lassen Sie sich nicht täuschen; mein Herz schlug wie wild vor Aufregung, wenn Herberts Name fiel. Um Abstand von ihm zu gewinnen, nahm ich wieder öfter Einladungen der britischen Gesellschaft an. Ich stürzte mich Hals über Kopf in den Trubel und arbeitete wie besessen; an Gelegenheiten, interessante Menschen zu treffen, mangelte es mir nicht, ich war jung und sprühte vor Energie, die Türen der besten Häuser standen mir offen. Das alles nur, um mir diesen Dirigenten endgültig aus dem Kopf zu schlagen. Allerdings hatte ich die Rechnung ohne ihn gemacht: Er ließ den Kontakt nicht abreißen. Wann immer sich die Gelegenheit fand, bemühte er sich darum, mich zu sehen.

Um jeglichen Gerüchten gleich den Riegel vorzuschieben: Die Ehe von Herbert und Anita von Karajan habe ich nicht zerstört, die beiden gingen längst eigene Wege, ohne dies jedoch der Öffentlichkeit bekannt zu geben. Dass dieser blendend aussehende Dirigent allein von

Konzert zu Konzert durch die Welt zog, war das eine; aber ich hatte mich entschieden, trotzdem nicht in die Lücke zu springen, die sprichwörtliche »zweite Geige« würde ich für niemanden spielen, nicht einmal für den berühmtesten Orchesterdirigenten! Herbert wusste davon nichts, ich hätte ihm nie gestanden, welchen Gefühlsaufruhr er in mir auslöste, und wenn er meine Zurückhaltung mit charmant-hartnäckigem Werben ignorierte, dann stets wie ein Gentleman.

Allmählich kam ich zu der Überzeugung, dass ihm meine Gesellschaft, unsere Gespräche, das gemeinsame Erleben tatsächlich am Herzen lag. Statt sich beispielsweise vor oder nach einem Konzert von Fans und Veranstaltern bei Cocktails oder Empfängen feiern zu lassen, versuchte er sich unbemerkt »französisch« zu empfehlen. Das gelang natürlich nicht immer, aber es hatte sich herumgesprochen, dass er am liebsten möglichst ungestört, nur mit wirklich engen Freunden einen Konzertabend ausklingen lassen wollte.

Es war ein solcher Abend nach einem seiner fulminanten Auftritte in London, an dem wir uns nach einer Pause von etwa zwei, drei Monaten wieder trafen. Herbert hatte mich zum Konzert eingeladen und bat mich, ihn im Anschluss zu seinen Freunden Walter Legge und dessen Frau Elisabeth Schwarzkopf zu begleiten. Ich gestehe: Mein Verstand sagte diktatorisch nein, aber mein Herz widersprach unüberhörbar laut, und nun dürfen Sie zweimal raten, wer von beiden gewonnen hat …

Das Haus von Walter Legge und Elisabeth Schwarzkopf hob sich so wohltuend von den bis in den letzten Winkel durchgestylten Stadtvillen der High Society ab, dass ich augenblicklich verstand, warum Herbert sich bei ihnen so wohlfühlte. Walter und Elisabeth, beide in Herberts Alter und Weggefährten seit Wiener Tagen, schlossen mich rasch ins Herz und wurden langsam zu unseren Vertrauten. Elisabeth, eine der bedeutendsten Mozart-Interpretinnen der Welt und trotz ihrer mädchenhaften Erscheinung mit einem gesunden Humor und Pragmatismus gesegnet, gefiel meine unbeschwerte, frische Art ausnehmend gut; sie gab mir ab und zu – sehr diskret – zu verstehen, wie wichtig es für Herbert sei, sich für eine neue Liebe zu öffnen. In mir sah sie offenbar die geeignete Kandidatin.

Die Öffentlichkeit und sogenannte »in-places« mieden wir; nie sah man uns als Paar zusammen in Restaurants oder bei Einladungen – wir wollten die knappe, so kostbare gemeinsame Zeit nicht mit Dingen vertrödeln, die uns beiden lästig waren. Zudem arbeitete Herbert fast Tag und Nacht an Schallplattenaufnahmen für EMI Records in der Kingsway Hall. In nur einer Woche spielte er dort Mozarts *Così fan tutte* ein – mit unserer Freundin Elisabeth Schwarzkopf als Fiordiligi, Nan Merriman als Dorabella sowie Lisa Otto als Despina; und kaum war diese Aufnahme, die auch heute noch zu den besten zählt, beendet, schloss er eine Einspielung von Opernintermezzi an. Man kann es nicht anders formulieren: Herbert war von Musik erfüllt. Was er am Dirigentenpult leistete, war wahrhaft olympisch – er verausgabte sich physisch jeweils bis zum Letzten, kam erschöpft, aber selig aus dem Studio. Doch wer nun glaubt, nach zwei solchen Kraftakten wäre *dolce far niente* angesagt gewesen, sieht sich gründlich getäuscht. Herbert, stets auf der Suche nach

45

neuen Klangerlebnissen und außergewöhnlichen Besetzungen, war bereits ins nächste Projekt vertieft und bat den berühmten Hornisten Dennis Brain, bei einer Aufnahme von Pietro Mascagnis Oper *Cavalleria Rusticana,* einem Eifersuchtsdrama vor sizilianischer Kulisse, den Orgelpart zu spielen – ein Instrument, das dieser ebenfalls brillant beherrschte.

Herbert und Dennis verband nicht nur die Leidenschaft für die Musik, beide liebten auch den Rausch der Geschwindigkeit. Der begeisterte Sportwagenfahrer Brain bezahlte diese Passion jedoch mit dem Leben – er starb 1957 bei einem Autounfall nach einem Konzertauftritt auf der Fahrt von Edinburgh nach London. Was Herbert zutiefst bestürzte, ihn aber keineswegs davon abhielt, das Gaspedal weiterhin bis zum Anschlag durchzudrücken.

Ich bin Dennis Brain nur wenige Male persönlich begegnet, aber durch ihn kamen Herbert und ich in den Genuss eines ganz außergewöhnlichen Erlebnisses. Nach den besagten Aufnahmen der *Cavalleria Rusticana* erwähnte Dennis so nebenbei, in der kommenden Woche würde sich Albert Schweitzer, der Urwalddoktor aus Lambaréné, in London aufhalten und die neue Orgel in der Royal Festival Hall ausprobieren – unter Ausschluss der Öffentlichkeit. Schweitzer hatte ausdrücklich darauf bestanden, dass die Presse nichts davon erfuhr, und bis auf Herbert und mich hatte Dennis auch niemanden eingeweiht. Herbert reagierte wie elektrisiert auf diese Ankündigung; ihm war bekannt, dass der gebürtige Elsässer Schweitzer ein begabter Organist war und selbst bereits verschiedene Orgeln konstruiert hatte. Auch Schweitzers Schriften zu den Werken Johann Sebastian

Bachs nahm er immer wieder gern zur Hand. Zudem bewunderte er den großen Mann für seine kompromisslose Haltung als Mensch und Arzt, der sich dem Wohl anderer in einer der ärmsten Regionen der Welt mit seinem ganzen Können und allen Fasern seines Herzens verschrieben hatte.

Kein Wunder also, dass Herbert bei dieser Probe unbedingt dabei sein wollte, und Dennis erfüllte ihm diesen Wunsch mit dem größten Vergnügen. So kam es also dazu, dass wir voller Konzentration in der ansonsten menschenleeren Konzerthalle andächtig einem Mann lauschten, der nach ein paar furiosen Aufwärmübungen seine ganze Seele in die *Toccata und Fuge in d-Moll* von Johann Sebastian Bach legte und diesen einzigartigen, wahrlich »königlichen« Klangkörper mit seinem ergreifenden Spiel ausfüllte.

In jenem magischen Moment fühlte ich mich völlig eins mit der Musik. Die Töne, die dieser wunderbare alte Herr mit dem imposanten Schnurrbart dem Instrument entlockte, vermittelten mir eine Ahnung von dem, was man als »himmlische Musik, die die Seelen erzittern lässt«, so oft in der Literatur beschrieben findet. Auch Herbert war ganz in sich versunken, die Augen wie immer geschlossen, hatte er zugehört und mir, nachdem der letzte Ton verklungen war, mit einem Blick zu verstehen gegeben, wie sehr ihn das Spiel des Nobelpreisträgers von 1952 berührt hatte.

Albert Schweitzer begegnete ich noch einmal, allerdings auf eine etwas andere Art ... Ich erlaube mir, Sie an dieser Stelle kurz nach Italien zu entführen. Die Episode, von der ich Ihnen erzählen möchte und die meinem Le-

47

ben eine entscheidende Wendung gab, ereignete sich in Rom; Herbert gastierte in Mailand und würde am nächsten Tag zu mir kommen. Zu dieser Zeit wohnte ich in einem entzückenden Studio an der Piazza San Anselmo, da ich für Fotoaufnahmen in der Ewigen Stadt gebucht war.

An dem bewussten Abend war ich zu einer Privatparty bei Gina Lollobrigida eingeladen – Italiens Filmdiva Numero uno –, die soeben im Kinohit *Die schönste Frau der Welt* an der Seite von Vittorio Gassman ihr beachtliches Talent als Sängerin bewiesen hatte. Ich hatte mich in Schale geworfen und eines meiner elegantesten Abendkleider gewählt. Und wieder einmal spielte mir das Leben oder besser gesagt das Schicksal einen Streich. Ich war nur wenige Minuten auf dem Fest, als mir stechende Bauchschmerzen den Atem raubten und ich zusammenbrach. Jemand rief augenblicklich einen Krankenwagen und man brachte mich mit Blaulicht ins American Hospital – von all dem bekam ich kaum mehr etwas mit. Der diensthabende Arzt in der Notaufnahme erkannte nach wenigen Fragen und mit einigen routinierten Untersuchungen, was mit mir los war; es gelang mir gerade noch, mein Einverständnis zu geben, dass man mir den Bauch aufschnitt, bevor mich eine neue Schmerzattacke überwältigte. Was heute in medizinischen Kreisen als Bagatelle gilt, war damals noch ziemlich riskant, doch ich hatte keine Wahl – der entzündete Blinddarm musste auf der Stelle raus.

Und, was hatte das nun mit Albert Schweitzer zu tun? Hoppla, denken Sie etwa, er hätte mich operiert? Nein, nein, das dann doch nicht, aber bitte noch einen Moment

Geduld, er betritt gleich die Szene. Zuvor möchte ich doch anmerken, dass man nach einer Vollnarkose nicht gerade in Topform ist – weder körperlich noch geistig, deshalb bitte ich um Nachsicht für meine folgenden Ausführungen. Als ich aus dem Nirwana der Ätherdämpfe auftauchte, sah ich den Chirurgen, der mich operiert hatte, an meinem Bett sitzen. Er berichtete mir später, ich hätte mich ihm verklärt lächelnd zugewendet und recht undeutlich gemurmelt: »Wenn ich noch einmal auf die Welt komme, will ich Frau Schweitzer oder Frau Karajan werden.« Dann sei ich mit einem glücklichen Gesichtsausdruck in die Kissen zurückgesunken und habe selig weitergeschlafen. Womit einmal mehr bewiesen ist, dass die einzig aufrichtige Sprache die von Kindern und die der Herzen ist.

Mein erstes bewusstes Bild, an das ich mich nach dem Aufwachen erinnere, ist ein riesiger Blumenstrauß. Und dahinter ein besorgter Herbert. Zum zweiten Mal sah er mich in einer desolaten Situation; hatte nicht schon unsere erste Begegnung mit einem »Übel im Bauch« begonnen, und nun schon wieder dieser Bauch! Zwar war diesmal nicht er mein »Retter« – wie bei unserer ersten Begegnung auf dem schwankenden Boot –, aber an seiner ängstlichen Miene und seiner umwerfenden Fürsorge zeigte sich, wie wichtig ich ihm war.

Ganz ehrlich: Können Sie sich einen schöneren Liebesbeweis vorstellen, als dass einer der am meisten beschäftigten Männer der Welt an Ihr Krankenlager eilt? Von diesem Moment an erlaubte ich mir, nur noch meinem Herzen zu folgen und dem Verstand für die nächste Zeit striktes Redeverbot zu erteilen.

»Madame Butterfly« meets »Don Giovanni«

Erinnern Sie sich noch an den Schlager *Chanson d'Amour* vom Orchester Ambros Seelos, den Ohrwurm Mitte der fünfziger Jahre? Überall auf der Welt summten die Menschen diese Melodie, und genauso fühlte ich mich, auf Wolken schwebend, nur mit dem kleinen, aber feinen Unterschied, dass sich mein persönliches Chanson d'Amour Tag um Tag mehr erfüllte. Gleichzeitig war ich verwirrt, denn es wurde ernst, wirklich ernst zwischen Herbert und mir, mit allem, was dazugehört. Das erschreckte mich auf eine gewisse Art; bis dahin war ich zwar mit einem der bekanntesten Männer dieser Zeit ab und zu ausgegangen, gleichzeitig führte ich ein ungebundenes Leben. Ich entschied selbst über die Aufträge, die ich annahm, und mit welchen Fotografen ich arbeiten wollte, ich hatte gelernt, mich durchzusetzen, ich wusste, mich überall zu bewegen, sprach fließend französisch, englisch und italienisch. Wollte ich mich jetzt tatsächlich binden? Was würde dann aus mir, aus meinen Studienplänen, aus meinen Vorstellungen bezüglich Kinder und Familie – wie sollte das mit einem Mann funktionieren, der von Konzert zu Konzert um die Welt jettete und ansonsten nahezu jede freie Minute in Tonstudios verbrachte? Und noch viel wichtiger: Konnte ich ihm au-

ßer meiner Liebe und Fürsorge genügend bieten, ihm
Halt und Ruhepool in diesem knallharten Business sein?
Denn das war es wirklich, knallhart.

Fragen über Fragen, mit denen ich allein zurechtkom-
men musste. Herbert wollte und durfte ich damit nicht belasten, und so entschied ich mich in diesen grüblerischen
Stunden meist dafür, alles Weitere mit Gottvertrauen auf
mich zukommen zu lassen. Schließlich war ich wissbegie-
rig, ich wollte Herberts hundertprozentige Hingabe an
die Musik verstehen und zeigte ihm deutlich, dass ich – so
er gewillt war, mich in seine Welt einzuführen – eine gelehrige Schülerin sein würde. Meine Sprachbegabung
würde mir wertvolle Dienste leisten, denn begreift man
Musik als Sprache der Emotionen, nähert man sich ihr mit
Offenheit. Wie man in einem fremden Land zuerst dem
Klang lauscht und allmählich die Worte den Gegenstän-
den oder ihren Bedeutungen zuordnen lernt, so würde ich
mich auch der »Grammatik« der Musik annähern. Darauf
freute ich mich außerordentlich.

Zunächst galt es jedoch, ein anderes Thema anzupa-
cken: Schon seit längerem tuschelte man über uns in der
Gesellschaft, wohlmeinende Freunde ließen manchmal
entsprechende Andeutungen und Bemerkungen fallen,
und natürlich hatten auch die Spürhunde der Presse Wit-
terung aufgenommen. Also gab es keinen Weg daran vorbei, uns offiziell zueinander zu bekennen. Die Gelegenheit bot sich Anfang September 1954 anlässlich des
Festivals im schottischen Edinburgh, wo Herbert zum
zweiten Mal als Gastdirigent mit dem Londoner Philharmonia Orchestra auftrat. Für ihn war es ein mehrtägiges
Engagement, am ersten Abend war die *Symphonie fan-*

51

tastique von Hector Berlioz angesagt, eines der bedeutendsten Werke der romantischen Musik, danach das *Konzert für Klavier und Orchester in a-Moll op. 54* von Robert Schumann mit dem chilenischen Starpianisten Claudio Arrau als Solisten und als Abschluss Richard Wagners »Vorspiel« und »Liebestod« aus *Tristan und Isolde.*

Nun also begann ich mich intensiv mit dem auseinanderzusetzen, was Herberts Lebensinhalt bedeutete. Ich entdeckte Dinge, die mir auf diese Art zuvor nie so bewusst waren. Mit der Zeit lernte ich beispielsweise durch Herbert, der mich auf solche Feinheiten regelmäßig aufmerksam machte, dass jede Konzerthalle ihren ureigenen, typischen Klang besitzt. Auch konnte ich immer besser die spezifischen Eigenheiten eines Solisten erkennen – natürlich nie so treffsicher wie er: Nach nur wenigen Takten konnte Herbert sagen, wer am Klavier saß oder den Bogen führte – ohne den Künstler zu sehen.

In der ehrwürdigen Usher Hall in Edinburgh nun traten Herbert und ich erstmals gemeinsam in der Öffentlichkeit auf. Kleine Ironie des Schicksals: Im Programmheft zum Festival gab es ein ganzseitiges Inserat, das für Pariser Haute Couture warb, mit – Sie ahnen es – Eliette Mouret als Modell. Selbstverständlich entgingen mir die Blicke der Festivalbesucher nicht; einige hatten mich sofort erkannt und wiesen – schottisch zurückhaltend – in meine Richtung, sobald ich meinen Platz in der achten Reihe einnahm. Doch ich ließ mich nicht weiter irritieren. Auch die Presse und die Offiziellen verhielten sich diskret – offenbar war es nicht weiter aufgefallen, dass wir mehr als zufällige Bekannte waren; jedenfalls erinnere ich mich an keine Meldungen in den damaligen Zeitungen. Erst viel später sollten wir bitter erfahren müssen, was es bedeutet, ständig von Paparazzi belagert zu werden, in Edinburgh hatte die Jagd der Boulevardpresse zum Glück noch nicht begonnen. Es waren unbeschwerte Tage, und wir genossen jede Minute, die wir für uns allein hatten – was ohnehin nicht allzu viele waren, da Herbert seinen vielen Verpflichtungen nachzukommen hatte.

Wann immer sich die Gelegenheit bot, versuchten Herbert und ich, ein paar Stunden oder, wenn wir Glück hatten, gar ein paar Tage, ein langes Wochenende zusammen zu verbringen. Rom–London–Mailand–Venedig–Wien – ich weiß nicht, wie viele Tausende von Kilometern wir abspulten, er meist per Flugzeug, ich oft genug mit dem Auto oder dem Zug. Konnten wir uns nicht sehen, telefonierten Herbert und ich mindestens ein Mal am Tag und erzählten uns, wie es frisch Verliebte auf der ganzen Welt nun einmal tun, selbst die banalsten Kleinigkeiten, die wir erlebt hatten. Gelang es ihm, sich für ein oder gar zwei Tage freizumachen, trafen wir uns im Sommer meist in Neapel – ideal für uns beide gelegen: Herbert, passionierter Pilot, konnte in weniger als einer Stunde anfliegen; und auch für mich war es mit dem Auto von Rom aus ein Katzensprung.

Im Porto Napoli, von wo aus die Fähren nach Ischia, Capri, Sorent und Palermo fahren, lag Herberts damalige Yacht »Méride«, mit der wir die idyllische Amalfiküste entlang segelten. Oft setzte uns die Mannschaft nach Capri und Ischia – Herberts Lieblingsinsel – über; die drei Matrosen waren das ganze Jahr über beschäftigt und konnten jederzeit den Anker für uns lichten. Ebenfalls an Bord war Herberts Vespa, mit der wir bei Landgängen über die Inseln kurvten und es uns gut gehen ließen; an manchen Tagen war es uns aber auch einfach nur danach, eine kleine, unberührte Bucht anzusteuern, uns auf Deck zu sonnen und zu lesen.

Auf unseren Landausflügen überließ Herbert mir bereitwillig den Taktstock, er staunte über meine botanischen Kenntnisse, ließ sich mit großem Interesse die Unterschiede der einzelnen Pflanzen von mir erläutern – da fühlte ich mich ganz in meinem Element – und konnte sich, umgeben vom betäubenden Duft der Zitronenbäume, herrlich entspannen.

Ein Landausflug aus jenen Tagen ist mir in besonders »heißer« Erinnerung geblieben. Wir besuchten den bekannten Schweizer Maler Hans Falk auf Stromboli, der für Herberts Luzerner Konzerte legendäre Plakate, inzwischen begehrte Sammlerstücke, entworfen hatte. Falk, der 2002 starb, lebte damals außerhalb eines kleinen Dorfes am Fuße des bis heute aktiven Vulkans. Der Künstler hauste wie ein Eremit, ohne elektrisches Licht und ohne fließendes Wasser, die karge Umgebung ließ keinerlei Ablenkung von seiner Kunst zu, was Herbert außerordentlich imponierte. Mit Falk zusammen sind wir bis nahe an den Rand des Vulkans marschiert. Herbert, der oft lange Wanderungen mit der Berglegende Luis Trenker unternommen hatte, machten solche Touren natürlich nichts aus. Mir allerdings schon, man kann nicht gerade behaupten, dass ich ein geborener Bergfex bin … Doch Herbert wäre nicht Herbert gewesen, hätte er mir nicht extra Wanderschuhe besorgt und zur Sicherheit gleich noch spezielle Polsterungen für die Nahtstellen, damit ich mir ja keine Blasen laufe.

Unser bevorzugter Ankerplatz war der Hafen von Ischia. Wie die meisten Dirigenten litt Herbert unter ständigen Muskelverkrampfungen und schmerzhaften Rückenproblemen. Die verschiedenen Thermalquellen und heißen Fumarole boten ihm wie schon Jahrzehnte zuvor seinem großen Vorbild Arturo Toscanini echte Linderung. Obwohl ich jung und kerngesund war, mich keinerlei berufsbedingte Einschränkungen quälten, begleitete ich Herbert gern zu seinen Kuren, besonders zu den Fango-Anwendungen, da in Ischia die Mischung aus einer speziellen vulkanischen Tonerde gewonnen wird; diese soll angeblich drei Mal so wirksam sein wie gewöhnliche Fango-Packungen.

Ebenso für Ischia sprach, dass dort einer der wenigen Menschen lebte, mit denen Herbert zusammenarbeitete und auch freundschaftlich verbunden war. Die Rede ist von dem auf dieser Insel lebenden britischen Komponisten William Walton, dessen Krönungsmarsch *Crown Imperial* zur Inthronisation von König George VI. 1937 seine Stellung als etablierter britischer Tonkünstler festigte. Herbert schätzte den Komponisten und Dirigenten, dessen »Belshazzar's Feast«, ein Werk für Baritonsolo, Chor und Orchester, er Ende der vierziger Jahre aufgeführt und gegenüber einem Kollegen als »das beste Stück Chormusik der letzten fünfzig Jahre« bezeichnet hatte. Walton wollte immer, dass wir auf Ischia bei ihm wohnten. Er hatte mit seiner argentinischen Frau Susana ein völlig verwildertes Grundstück mit einer baufälligen Villa erworben; heute ist ihr Garten La Mortella einer der schönsten Italiens.

Kostbare Stunden der Zweisamkeit in Bella Italia, und

wenig später wieder die andere Welt: *Madame Butterfly,
Il Trovatore, Don Giovanni, Tosca, Salomé* oder *Falstaff;*
Maria Callas, Elisabeth Schwarzkopf, Giuseppe di Ste-
fano, Anna Moffo, Mirella Freni, Carlo Bergonzi und Tito
Gobbi; Bach, Mozart, Verdi, Puccini, Strauss, Strawinsky.
In diesen Jahren vor unserer Hochzeit bekam ich einen
deutlichen Vorgeschmack von dem, was mich erwartete:
ein Leben in Hotels, ein Leben aus Koffern, nur zwei, drei
Tage am selben Ort, umgeben von wichtigen Menschen
oder solchen, die sich dafür hielten und die alle etwas
von Herbert wollten. Und dennoch – ich wollte auf keinen Augenblick mit ihm verzichten. Die emotionalen
Weichen waren für mich gestellt, nun galt es herauszu-
finden, wie ich mein Leben mit diesem Mann gestalten
wollte. Zwar würde ich viel Geduld aufbringen müssen,
und dazu war ich auch bereit; aber eines war für mich
ebenso klar: Nur einfach auf Abruf dazusitzen, bis »Herr
Maestro« einen Termin für mich reservieren konnte, kam
nicht in Frage.

Meine Eigenständigkeit ist mir enorm wichtig, und das
war auch damals schon so. Damit Herbert sich ungestört
auf seine nächsten Auftritte vorbereiten konnte, besuchte
ich für ein paar Tage Francine und Carole Weisweiler in
Villefranche, einem der schönsten Orte zwischen Mo-
naco und Nizza. Carole habe ich über ihre Mutter Francine kennengelernt und wir haben uns sofort verstanden.
In jenem Sommer war wie stets in den Jahren zwischen
1950 und 1961 Jean Cocteau in der elterlichen Residenz
zu Gast; er verbrachte dort sechs Monate, schrieb an seinen vielfältigen Projekten und bemalte im Lauf der Jahre
die Wände sämtlicher Zimmer. Meine Freundin Carole,

die neben dem Anwesen auch den eigensinnigen Künstler »erbte«, beauftragte Cocteau, die alte Fischerkapelle St. Pierre aus dem 14. Jahrhundert, die dem Schutzpatron der Fischer gewidmet war, zu restaurieren. Im Sommer 1957 begann er mit dieser anspruchsvollen Aufgabe. Falls Ihr Weg Sie je nach Villefranche führt, statten Sie dieser zauberhaften Kapelle einen Besuch ab. Sie werden die von Cocteau gestalteten Wandmalereien mit Motiven aus dem Leben des heiligen Petrus, seine Huldigungen an Saintes Maries de la Mer und die Jungfrauen von Villefranche-sur-Mer entdecken und sich, so geht es mir noch heute bei jedem Besuch, ganz davon gefangen nehmen lassen.

Francine Weisweiler führte ein offenes Haus, Schauspieler, Schriftsteller und Maler aus aller Welt gingen bei ihr ein und aus. Jean Cocteau ist mir in mehrfacher Hinsicht in Erinnerung geblieben. Am meisten dadurch, dass ich bei einem Besuch Jahre später in seinem ehemaligen Studio übernachtete. An der Stirnseite des großzügigen Raums hingen zwei faszinierende Porträts des jungen französischen Schauspielers Jean Marais, mit dem Cocteau liiert war und dem das Multitalent – Regisseur, Drehbuchautor, Schriftsteller, Maler und Choreograf – mehrere Filmrollen auf den Leib schrieb. Überall stapelten sich Bücher; Jean fühlte sich bei den Weisweilers offensichtlich sehr zu Hause. Bereits mit siebzehn veröffentlichte er erste Gedichte, als er neunzehn war, erschien sein erster Gedichtband *Lampe d'Aladin* – von dem Francine immer wieder gern signierte Exemplare an ihre Freunde verschenkte. Cocteau war ein *enfant terrible*, doch die beiden Weisweiler-Ladys beteten ihn gera-

57

dezu an und erzählten mir immer wieder die verrücktesten Geschichten, die sie mit ihm erlebten. Trotz seiner
Leistungen auf fast allen künstlerischen Gebieten bestand Cocteau darauf, in erster Linie ein Dichter zu sein.
Die Freundschaft zu Mutter und Tochter hielt bis zu
Jeans Tod im Jahr 1963 und gipfelte in dem Dokumentarfilm *Jean Cocteau: Autoportrait d'un inconnu* von 1983,
für den meine Freundin Carole das Script lieferte.

Auch Herbert war von Cocteau fasziniert, und im Juni
1958 kam es zu einer aufsehenerregenden Zusammenarbeit zwischen diesen beiden der Kunst mit Leib und Seele
Verpflichteten. An der Wiener Staatsoper inszenierte Oscar Fritz Schuh *Oedipus Rex* von Igor Strawinsky, Karajan oblag die musikalische Leitung, Cocteau übernahm
den anspruchsvollen Part des Sprechers. Das war eine
Sensation: *Oedipus Rex* ist ein Opern-Oratorium in zwei
Akten, das auf die Tragödie *Oidipos tyrannos* von Sopho-
kles zurückgeht; für seine Oper konnte Strawinsky den
von ihm hoch verehrten Dichter Cocteau gewinnen, und
die beiden verfassten zusammen sämtliche Texte. Die
einzelnen Nummern sind durch erklärende Texte verbunden, die von einem Sprecher normalerweise in der
Landessprache vorgetragen werden. In besagter Aufführung – der letzten von insgesamt acht – trug sie Jean
Cocteau aber in seiner Muttersprache vor. Leider konnte
die Inszenierung in dieser Besetzung nur ein einziges Mal
aufgeführt werden, aber für meinen Mann blieb sie eine
der interessantesten Kooperationen mit zeitgenössischen
Künstlerkollegen.

Sommertage haben die Angewohnheit, stetig kürzer
zu werden, da hilft nicht einmal die innigste Liebe – ir-

gendwann beginnt der Alltag, und so war es nach diesen wunderbaren Inseltagen auch für uns. Für Herbert begann die anstrengende Herbstsaison, Opernhäuser und Konzerthallen öffneten ihre Türen, er begann die Spielzeit mit einem Konzert in Berlin am 23. September 1954: Mozarts *39.* und Brahms' *1. Symphonie* sowie Bartóks *3. Klavierkonzert* mit dem von ihm sehr geschätzten Géza Anda. Für mich war es ebenfalls Zeit, mich auf die Arbeit zu konzentrieren, ich hatte mich für verschiedene Shootings verpflichtet und wurde in Mailand erwartet.

Dieser »summer of love« hatte uns beide beflügelt, wir fühlten unsere tiefe Verbundenheit, wir wussten, dass wir füreinander geschaffen waren, ohne viele Worte darüber zu verlieren. Seine Scheu in emotionalen Belangen hätte es nicht zugelassen, mit großem Tamtam um meine Hand anzuhalten. Öffentlich Gefühle zu äußern, die nichts mit seiner Profession zu tun haben, wäre Herbert nie in den Sinn gekommen. Und so behalte ich die Art und die Umstände, wo und wann ich ihm mein Ja-Wort gab, für mich – er würde es zu schätzen wissen.

Frau Operndirektor

Orgel und Brautchor – »Treulich geführt ziehet dahin, wo euch der Segen der Liebe bewahr'! Siegreicher Mut, Minnegewinn eint euch in Treue zum seligsten Paar. Streiter der Jugend, schreite voran! Zierde der Jugend, schreite voran! Rauschen des Festes seid nun entronnen, Wonne des Herzens sei euch gewonnen!« – oder lieber Hochzeitsmarsch und Feentanz? Richard Wagner versus Felix Mendelssohn Bartholdy, »Lohengrin« statt »Sommernachtstraum«? Und Tausende weitere Fragen, wie: Wer nimmt die Trauung vor, heiraten wir nur auf dem Standesamt oder am selben Tag auch kirchlich? Wie viele Gäste wollen wir einladen, und wo, in welcher Stadt, in welchem Land treten wir vor den Traualtar? Jede Frau könnte die Liste beliebig verlängern ...

Was die Braut – und in der Regel noch viel mehr die Brauteltern – beschäftigt, fand in unseren Hochzeitsvorbereitungen kaum Platz, denn wir hatten andere Sorgen. Herbert war gerade erst von Anita geschieden worden, was Gott sei Dank sehr diskret gehandhabt wurde; eine neue Heirat hingegen wäre ein gefundenes Fressen für die Sensationsreporter gewesen. Das wollten wir unter allen Umständen verhindern, und es wäre uns beinahe gelungen ...

Eigentlich hatten wir vor, uns unser Eheversprechen in Castel Gandolfo zu geben, diesem zauberhaften Ort rund zwanzig Kilometer südöstlich von Rom, wo sich die Sommerresidenz des Papstes befindet. André von Mattoni, seit Jahren Herberts treuergebener Privatsekretär, war bereits in die italienische Hauptstadt vorausgefahren, um alles Notwendige vorzubereiten, als wir einen Anruf von ihm erhielten, der unseren Plan durchkreuzte: Trotz aller Diskretion und größter Umsicht im Vorfeld hatten Journalisten und Fotografen herausgefunden, dass dort in den nächsten Tagen die Hochzeit von Herbert von Karajan und dieser geheimnisvollen Eliette Mouret – von der man kaum etwas wusste, das über das berufliche Umfeld hinausging – stattfinden sollte.

Unmöglich also, dort mit einer stillen, feierlichen Zeremonie unser gemeinsames Leben zu beginnen. Eine Weile überlegten wir hin und her, prüften verschiedene Möglichkeiten. Selbst die Option, ob wir den Termin nicht besser verschieben, bis sich alles beruhigt hatte, und wir dann einfach zwei, drei Wochen später heiraten sollten, wägten wir ab. Doch es erwies sich als sinnlos, diese Variante ernsthafter zu prüfen. Herbert konnte sich den Vorbereitungen ohnehin kaum widmen; in den Wochen davor war er in Wien mit dem Londoner Philharmonia Orchestra und dem Wiener Singverein für Schallplattenaufnahmen fest gebucht, unmittelbar nach den Studioterminen standen in Berlin Beethovens 5. *Symphonie* und das *Klavierkonzert d-Moll* von Bach mit dem kanadischen Wunderpianisten Glenn Gould auf seinem Konzertprogramm.

Es führte folglich kein Weg daran vorbei; wenn wir

61

unsere Beziehung für alle Zeit bezeugen wollten, dann musste es zum vorgesehenen Datum stattfinden – wohin also ausweichen? Und vor allen Dingen, in welchem Ort, in welcher Stadt würde es möglich sein, ohne großen administrativen Aufwand schnell und heimlich zu heiraten? Schließlich hatte Herbert die rettende Idee: Er rief den Bürgermeister der kleinen französischen Stadt Annecy nahe der Schweizer Grenze an und bat ihn um Rat. Ich weiß bis heute nicht, wie er den Mann dazu bewegen konnte, nicht nur zuzustimmen und alles so unbürokratisch wie nur eben möglich zu regeln; Herbert schaffte es auch, dass der Bürgermeister seinen Kollegen von Megève, wo unsere Hochzeit stattfinden sollte, dazu brachte, weder Presse noch Radio oder gar Fernsehen zu alarmieren, und sich somit diese unbezahlbare Gelegenheit, fantastische Gratiswerbung für seine Region zu bekommen, entgehen zu lassen. In kürzester Zeit war alles arrangiert; Megève, ein Skiort in den Savoyer Alpen, würde die Kulisse für den wichtigsten Schritt in meinem Leben sein.

Gesagt, gedacht und getan: Wir waren noch ganz benommen vor Freude, quasi sprachlos darüber, wie sich das Schicksal – dank eines unkomplizierten, französischen Bürgermeisters mit einem großen Herzen für Verliebte – doch noch zu unseren Gunsten entschieden hatte, und schon saß Mattoni in seinem Wagen und eilte ohne Halt von Rom nach Megève. Sein Auftrag: als unser Vertrauensmann die Zeremonie mit den Eingeweihten vor Ort vorzubereiten, Ringe zu besorgen und schließlich den erlösenden Anruf zu tätigen, dass wir uns auf den Weg in unser »französisches Las Vegas« machen könnten.

Aus Herberts Sicht konnte nun nichts mehr schiefgehen, er hatte ja soeben bewiesen, dass er selbst aussichtslos scheinende Situationen souverän zu meistern wusste. Was mich an ihm immer wieder faszinieren sollte, war sein Organisationstalent und sein ausgeprägter Sinn für Pünktlichkeit. Mir ist nicht bekannt, dass er auch nur einmal zu einer Probe fünf Minuten zu spät gekommen wäre. Pünktlichkeit erwartete er auch von seinen Mitarbeitern – und von mir. Was mir nicht sonderlich schwer fiel, war ich es doch gewohnt, über Jahre hinweg und auf die Minute genau zu Foto- oder Werbeaufnahmen zu erscheinen, unwichtig, ob ich am einen Tag in Rom und am nächsten bereits in London vor der Kamera stehen musste. Nicht weiter erstaunlich, dass an dem Tag, an dem wir unser gemeinsames Leben und unsere Zukunft besiegelten, alles bis ins kleinste Detail perfekt funktionierte.

Am Mittwoch, den 8. Oktober 1958, um 17 Uhr war es so weit: Die Dämmerung war bereits angebrochen, als uns der Bürgermeister von Megève, ein Champagner- und Weinhändler, in seinem Amtszimmer erwartete. Statt der unbequemen Holzstühle hatte man für Herbert und mich zwei bequeme Sessel bereitgestellt. Die einzigen Personen, die an der schlichten, standesamtlichen Zeremonie teilnahmen, waren unsere beiden Trauzeugen: André von Mattoni und Raymond Freyer, unser Privatskilehrer. Mattoni war mit einem Arm weißer Rosen und einer kleinen Schmuckschachtel mit den Ringen im Rathaus erschienen. Der gebürtige Österreicher, ein vollendeter Gentleman der alten Schule und Bonvivant, war hundertprozentig loyal und verschwiegen; Raymond Freyer kannten Herbert und ich von ausgedehnten Skitouren.

In der ganzen Aufregung war mir entgangen, wie Mattoni es fertiggebracht hatte, und ich erinnere mich auch nicht daran, ihm ein »Muster« mit auf den Weg gegeben zu haben, aber: Die Hochzeitsringe, fein gearbeitete Goldringe, die er ausgesucht hatte, passten in diesem nervenaufreibenden Moment wie angegossen. Aber sie müssen wohl doch ein wenig zu groß gewesen sein, denn wir haben sie bald verloren. Nach dem ersten Schreck mussten wir darüber lachen; und für unsere lebenslange Liebe war der Verlust kein schlechtes Omen. Im Anschluss an das Ja-Wort stießen wir mit Champagner an, und zum ersten Mal nannte mich jemand – es war selbstverständlich der Bürgermeister – »Madame von Karajan«. Ich war glücklich und hätte die ganze Welt umarmen können, mein Traum war in Erfüllung gegangen.

Und so behütet und beschützt, wie alles begonnen hatte, ging es auch weiter. Bis zum heutigen Tag überkommt mich ein warmes Glücksgefühl, wenn ich daran denke, in welch intimem Rahmen Herbert und ich dieses Ereignis gefeiert haben. Wir zogen uns allein in unsere Ferienwohnung zurück; kein Trubel, keine Paparazzi, keine Journalisten, keine Kameras – nur wir zwei. Als krönenden Abschluss dieses aufregenden Tages unternahmen wir einen Spaziergang durch den nächtlichen Ort; es war stockdunkel und regnete in Strömen – was uns überhaupt nicht störte, obwohl wir ohne Schirm unterwegs und innerhalb von wenigen Minuten bis auf die Haut durchnässt waren. Glauben Sie mir, etwas Romantischeres kann es gar nicht geben: frisch verheiratet und unbeschreiblich verliebt, Hand in Hand durch den Regen zu spazieren, nur den Himmel über sich, selbst wenn die Sterne nicht zu sehen sind.

London, April 1962

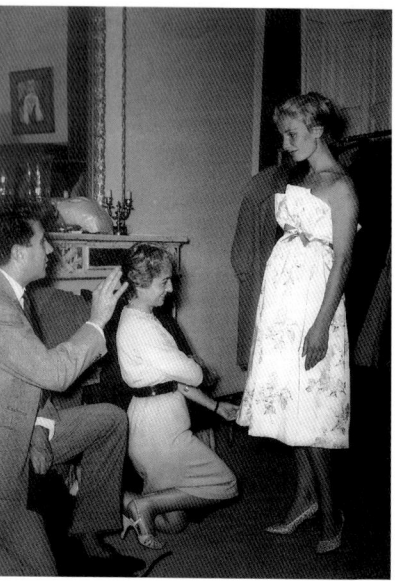

In einem Modeatelier in Avignon, 1960

Berlin, 1973

Modeaufnahme für die *Vogue,* Anfang der fünfziger Jahre

Modeaufnahme, Anfang der fünfziger Jahre, London

Anlässlich der Grundsteinlegung zur Philharmonie, Berlin 1960

© ullstein bild – AP

Mit Wolfgang Wagner (re), 1965

© Harry Weber

Saint-Tropez, 1970

Beim Spaziergang in Mauerbach, 1962

Erste Osterfestspiele in Salzburg, 1967

Unsere Flitterwochen mussten wir allerdings ebenso wie die kirchliche Trauung verschieben. Die Spielzeit hatte begonnen, überall freuten sich die Menschen auf die neue Saison und Herberts Kalender war übervoll; viele Termine werden bereits Jahre im Voraus geplant und mit den Veranstaltern sowie den Agenten der Solisten abgestimmt. Herbert legte mit seinem Team gemeinsam fest, welche Opern und welche Konzertprogramme für die kommenden Spielzeiten angesetzt wurden, und er bestimmte, mit welchen Sängern und Solisten er zusammenarbeiten wollte. Um die Organisation im Detail kümmerte sich dann eine eingespielte Crew.

Gleich am Tag nach unserer Trauung flogen wir von Genf nach Wien. Vier Proben mit den Wiener Philharmonikern waren angesetzt, am 11. Oktober dirigierte Herbert nachmittags die *1.* und die *3. Symphonie* von Beethoven und abends in der Staatsoper *Fidelio* mit Martha Mödl, Wilma Lipp, Giuseppe Zampieri und Otto Edelmann in den Hauptrollen.

Es war mein erster offizieller Auftritt in Wien, und nun nannte man mich nicht nur Frau von Karajan, sondern auch noch »Frau Operndirektor«. Diese Sitte, Menschen mit ihrer beruflichen Funktion oder Qualifikation – beispielsweise Herr Direktor oder Frau Magister – anzusprechen, gibt es meines Wissens nur in Österreich und hat schon etwas Kurioses; besonders in Wien wird darauf großer Wert gelegt, und es ist schon vorgekommen, dass ein Brief ohne Nennung des Titels ungeöffnet an den Absender retourniert wurde.

Vor Wien hatte ich ein wenig Angst, es war neben Salzburg sozusagen Herberts Heimspielarena und eine

Stadt, in der sehr auf Traditionen geachtet wurde. Einfach als »Freundin« des Maestros wäre ich nie mit ihm zusammen dort aufgetaucht, aber das Thema war ja nun für alle Zeiten erledigt.

Meine Feuertaufe in Wien hatte ich bestanden; Herbert reiste weiter nach Berlin, ich wollte vor den nächsten offiziellen Verpflichtungen wenigstens ein paar Stunden nach Hause zu meiner Familie. Ihr wollte ich persönlich sagen, dass ich heimlich geheiratet hatte; es mag Ihnen seltsam vorkommen, dass ich nicht einmal meine engsten Verwandten über dieses Ereignis informiert hatte, aber Herbert und ich hatten entschieden, den Pressehyänen nicht den Hauch einer Chance zu bieten.

An einem typisch südfranzösischen lauen Herbstabend erreichte ich Nizza; schon der singende Klang des regionalen Dialekts, der durch das offene Fenster meines Mietwagens hineinwehte, erwärmte mein Herz, das Hupen der Autofahrer, die Liebespaare in den hellerleuchteten Bars – ach, ich hatte das alles mehr vermisst, als mir bewusst war. Da ich an einer Ampel halten musste, schweifte mein Blick ganz entspannt durch die vertraute Umgebung und fiel plötzlich auf einen Aushang von *Paris Match* am Kiosk. Irgendetwas hatte mich aus meinen Gedanken geholt, meine Aufmerksamkeit auf diese Zeitschrift gelenkt. Etwas an dem Gesicht auf dem Titelblatt kam mir bekannt vor, die Art, wie das Covergirl lächelte – unwillkürlich lächelte ich zurück und realisierte im selben Augenblick, dass die Frau, die mir ihr verträumtes Lächeln entgegenwarf, ja ich selbst war. So schnell ich konnte, suchte ich einen Parkplatz und lief zum Kiosk, um das Magazin zu kaufen.

Die Kioskfrau war immer noch dieselbe, seit Jahren bot sie Zeitungen und Zeitschriften aus aller Welt feil; auch in Kinderaugen seligen Glanz zaubernde Naschereien führte sie in ihrem Sortiment, nach der Schule hatte mich mein Weg oft zielsicher in dieses wunderbare Schleckerland geleitet. Sie reichte mir die aktuelle *Paris Match* über die Verkaufstheke, ohne hinter der großen, schwarzen Sonnenbrille eine ihrer vielen kleinen Stammkundinnen von früher zu erkennen. Äußerlich vollkommen beherrscht, musterte ich die Zeitschrift mit geschultem Auge. Entsetzt las ich den Kommentar zu meinem Porträt: »Eliette heiratet den größten Orchesterchef der Welt: Das ist die unglaubliche Geschichte eines Mannequins aus Paris.« Rasch blätterte ich in der berühmtesten und auflagenstärksten Illustrierten Frankreichs und konnte es kaum glauben: Auf den Innenseiten folgte eine achtseitige Reportage mit heimlich aufgenommenen Fotos unserer Trauung in Megève! Wie konnte das nur geschehen sein? Ich geriet in Panik und versuchte Herbert zu erreichen, bekam aber nur seinen Sekretär ans Telefon. Unmöglich, mit dieser Zeitschrift zu meiner Mutter zu fahren. Kurz entschlossen drehte ich auf der Stelle um und buchte am Flughafen die nächste Maschine nach Berlin. Herbert tobte, als ich ihm das Heft zeigte. Diese feigen Hunde, die sich irgendwo im Gebüsch in Megève versteckt haben mussten, wollte er verklagen; leider haben wir nie herausbekommen, wer dem Fotografen von *Paris Match* den Tipp gegeben hat.

Selbstverständlich hatten Freunde meiner Mutter diese Ausgabe des Magazins entdeckt und sie darauf aufmerksam gemacht. Diskret, wie meine Mutter nun

67

einmal war, wartete sie, bis ich ihr selbst unsere Gründe für die Geheimhaltung darlegte, und wir konnten über das ganze Tohuwabohu herzlich lachen.

Bis ich auch vor Gott zu »Frau Operndirektor Eliette von Karajan« wurde, musste ich bis zum Spätsommer 1964 warten. Inzwischen wesentlich gewitzter im Umgang mit den Medien, wollten wir uns diesmal auf keinen Fall der Gefahr aussetzen, von dem ganzen Rummel überrascht zu werden. Unsere erste Tochter Isabel war bereits vier Jahre alt und Arabel, im Januar desselben Jahres geboren, feierte in einem Körbchen liegend mit uns. Durch Vermittlung unserer engen Freunde Herbert und Veronika Kloiber traute uns Pfarrer Karl Födinger in der aus dem 18. Jahrhundert stammenden Bergkapelle von Oberndorf im Bezirk Kitzbühel, die seit langem zum Privatbesitz der Wiener Industriellenfamilie gehört. Es war eine schlichte Trauung; in Anwesenheit der Familie Kloiber und engster Freunde versprachen wir uns dort am 12. August 1964 ewige Liebe und Treue, in guten wie in schlechten Zeiten. Nikolaus, der Sohn der Kloibers, übernahm die Rolle des musikalischen Leiters. Mit Hilfe meines Mannes hatte er es geschafft, eine komplette Stereoanlage in dieser Bergkapelle aufzubauen und den »Liebestod« aus *Tristan und Isolde* aufzulegen. Es war Herberts erste Einspielung als Chef der Berliner, eine Aufnahme aus dem Jahr 1957 für die Plattenfirma EMI.

Ganz aussperren wollten wir die Leute von der Presse auch nicht, mit vielen von ihnen pflegte Herbert im Alltag ein professionelles Verhältnis. Und so verfiel er auf die Idee, einen einzigen Fotografen – Loomis Dean von *Life* – zuzulassen, der uns verbindlich zugesagt hatte, unsere Auswahl zu akzeptieren und keine weiteren Fotos zu verwenden respektive an andere Kollegen zu verkaufen. Noch ein solcher Schock wie 1958 blieb uns so erspart.

Als die internationale Gesellschaftspresse unsere kirchliche Trauung mit wenigen Zeilen vermeldete, befanden wir uns bereits auf dem Weg nach St. Moritz, wo Herbert zum ersten Mal mit den beiden Violinisten Wolfgang Schneiderhan und Michel Schwalbé gastierte.

Doch ich greife vor, und deshalb möchte ich Sie bitten, mir in die ersten Tage und Monate meiner neuen wunderbaren Aufgabe als treusorgende Ehefrau zu folgen. Herberts neue Wirkungsstätte seit 1955 war hauptsächlich Berlin. Für mich eine spannende Herausforderung, in Deutschland hatte ich nie gearbeitet. Da ich jedoch neugierig und aufgeschlossen war, freute ich mich auf diese interessante Stadt. Später erlebte ich die Trauer und den Schmerz vieler Berliner mit, die über Nacht in einer geteilten Stadt leben mussten.

Apropos teilen: Ich hatte es von Anfang an gewusst, Herbert war seit jeher vor allem mit der Dame namens »Musik« verheiratet. Mit »ihr« war ich jedoch bereit ihn mein Leben lang zu teilen, denn sie würde auch mir eine neue Welt eröffnen, zu der in dieser Intensität nicht sehr viele Menschen Zutritt haben.

Symphonie der Großstadt

Berlin – Dreh- und Angelpunkt der deutschsprachigen Kultur, bei unserer Ankunft noch mitten im Zentrum des Kalten Krieges, wurde für eine knappe Woche unser neuer Aufenthaltsort. In den folgenden Jahren sollte sich eine schwierige Beziehung zwischen mir und dieser Stadt entwickeln, in der ich mich nie wirklich heimisch fühlte: Einerseits verfiel ich umgehend dem etwas rauen Charme der Berliner, ihre unverblümte Art entsprach mir sehr und die dortige kulturelle Vielfalt nahm mich gefangen; andererseits hatte mein Mann hier vor dem Krieg harte Zeiten durchgemacht, und das war nicht spurlos an ihm vorübergegangen. Selbst seine triumphale Rückkehr, inzwischen gar als Chefdirigent der Berliner Philharmoniker auf Lebenszeit, ließ ihn seine demütigenden Erfahrungen zu Beginn der dreißiger Jahre nicht völlig vergessen. Trotz ausgezeichneter Qualifikationen wollte damals keiner aus der Gilde der den Markt dominierenden Musikagenten dem jungen Kapellmeister aus Wien eine Anstellung geben, und obwohl sich Herbert nicht zu schade zum Klinkenputzen war und zu Fuß Kilometer um Kilometer alle Agenturen abklapperte, erntete er meistens nur bedauerndes Kopfschütteln oder gar unfreundliche Abweisungen.

Das war eindeutig Vergangenheit, 1958 lag ihm die Stadt zu Füßen! Am Berliner Flughafen Tempelhof erwartete uns eine Limousine – ein Service, den sich Herbert in allen Verträgen garantieren ließ. Vor seinen Auftritten wollte er all seine Energie der Musik zur Verfügung stellen und sich nicht mit oft kräfteraubenden Verkehrssituationen belasten.

Unser Chauffeur lenkte uns durch Schöneberg nach Wilmersdorf; noch immer sah man die Spuren der verheerenden Bombenangriffe aus dem Zweiten Weltkrieg. An manchen Ecken ragten sogar noch Bruchstücke einst stolzer Fassaden hervor, die von den Häuserkämpfen in den letzten Tagen vor der Kapitulation stehen geblieben waren. Mein nachhaltigster Eindruck von dieser Sightseeingtour im Auto: eine atmosphärische Dauerspannung, hervorgerufen durch die vielen Uniformen auf den Straßen. Lächelnde, fröhliche Gesichter sah ich nur wenige, an Lebensfreude, wie sie in Nizza, in Rom oder in Paris an jeder Straßenecke zu spüren war, kann ich mich nicht erinnern, die Menschen wirkten eher gehetzt. Vielleicht lag es daran, dass die zunehmenden politischen Differenzen zwischen den Westalliierten und der Sowjetunion zu einer Verschärfung des Kalten Krieges führten; nur knapp drei Jahre später, im August 1961, sollte der Mauerbau erneut die westliche Welt aufrütteln und die Menschen mit Angst und Sorge erfüllen. Modisch zeigten sich die Damen äußerst aufgeschlossen, um nicht zu sagen mutig, ihre Kleidung zeugte vom unbedingten Willen, am Wirtschaftswunder zu partizipieren.

Berlin liebte meinen Mann, die Menschen verehrten ihn wie selten einen anderen Künstler. In seinem ganzen

71

Habitus wäre der Österreicher ohne jeglichen Zweifel als Einheimischer durchgegangen; nach Ludwig von Brenner, Hans von Bülow, Arthur Nikisch, Wilhelm Furtwängler und Sergiu Celibidache brachte er zudem einen jugendlichen Elan mit, der Publikum wie Musiker mitriss: Er hatte den Funken neu entzündet, und er führte das glanzvolle deutsche Orchester zu neuem Ruhm. Die Berliner Philharmoniker genießen den Ruf, eines der führenden Symphonieorchester weltweit zu sein. Das Geheimnis ihres Erfolgs ist wohl nicht zuletzt in dem Umstand zu suchen, dass sie in ihrer Geschichte immer durch die jeweils besten Dirigenten ihrer Zeit geleitet worden sind. Nach Furtwänglers Tod im November 1954 wurde mein Mann zum Chefdirigenten gewählt; damit begann eine der längsten »Liebesgeschichten« in der klassischen Musik, denn er führte das Orchester vierunddreißig Jahre, länger als jeder andere. »Karajan [war] ein Klangmagier, ein ekstatischer Macher von eiserner Selbstdisziplin. (...) Der berühmte volle und seidene Klang der Berliner Philharmoniker, der zu ihrem Markenzeichen wurde, hat sich unter seiner Leitung erst in seiner ganzen Pracht entfaltet«, schrieb Johannes Althoff in seinem spannenden Buch über die Geschichte des Orchesters. Diese Beobachtung und Einschätzung bewies sich besonders am 1. Mai 1982: Anlässlich des hundertsten Geburtstages der Philharmoniker feierten die Berliner und Herbert dieses Fest mit einer so noch nie gehörten, unglaublich intensiven Wiedergabe der 9. *Symphonie* von Gustav Mahler.

Bei allem Erfreulichen möchte ich nicht verschweigen, dass der Bruch zwischen Herbert und »seinen« Berlinern ihn wohl mehr als alles andere schmerzte. Zwar hatte er mir immer eingeschärft, wie nahe in einem Künstlerleben Höhen und Tiefen nebeneinanderliegen; wer dich heute liebt, ist morgen möglicherweise dein ärgster Feind, dennoch: Von diesem Orchester hätte Herbert wohl nie erwartet, dass es eine an und für sich alltägliche Angelegenheit zu einer Palastrevolution ausarten lassen würde. Anfang der achtziger Jahre engagierte der Orchestervorstand der Berliner Philharmoniker die Klarinettistin Sabine Meyer als Aushilfe. Herbert machte sich daraufhin für ein offizielles Probejahr stark, doch das Orchester – bei den Berlinern existierte ein Mitspracherecht bezüglich Neubesetzungen – blockte ab. Einmal begonnen, wuchs sich diese Sache rasch zu einem handfesten Streit aus. Die Platzhirsche des Orchesters wollten sich von niemandem vorschreiben lassen, ob nun eine Frau die begehrte Stelle bekommen sollte oder nicht. Als sich dann Sabine Meyer entnervt von diesem Gerangel zurückzog, war Herbert verständlicherweise sauer auf sie, da er sich enorm für sie eingesetzt hatte. Definitiv verscherzten es sich die Berliner mit Herbert jedoch, als man ihn unter Druck setzte, sich mit der Frage seiner Nachfolge zu beschäftigen; er wollte das in seinem eigenen Tempo erledigen und empfand die ständigen Drängeleien und Quengeleien als so entwürdigend, dass es unmittelbar nach Ostern 1989 zum endgültigen Bruch kam. Doch genug der unschönen Seiten.

Herbert führte die Berliner Philharmoniker nicht nur zu neuem Glanz, er bot ihnen zudem die fantastische Gelegenheit, ihren singulären Rang auch als Opernorchester unter Beweis zu stellen – erstmals 1967 mit der

Walküre von Richard Wagner in Salzburg, bei den von ihm gegründeten Osterfestspielen. Das war die Art und Weise, wie Herbert seine Aufgabe verstand: Das an symphonischem Repertoire erfahrendste Orchester der Welt konnte und sollte sich keineswegs auf seinen Lorbeeren ausruhen, sondern sich mit ihm nach und nach die wichtigsten Werke der Opernliteratur erarbeiten; für die Berliner eine große Herausforderung, die sie mit Bravour meisterten, wie die noch heute als herausragend geltenden Einspielungen beweisen.

Anfangs stiegen wir im Hotel Savoy in der Fasanenstraße ab, einer ruhigen Seitenstraße des Kurfürstendamms. Herbert schätzte dieses Haus mit seinen wunderschönen Stuckdecken, Säulen und Kristallleuchtern; seit seinem legendären ersten Konzert mit den Philharmonikern am 11. April 1938 – drei Tage nach seinem dreißigsten Geburtstag –, und einer Aufführung von *Tristan und Isolde* im selben Jahr, nach der man öffentlich vom »Wunder Karajan« sprach, logierte er im Savoy, sobald er sich in Berlin aufhielt. Und er war nicht der Einzige, der die gediegene Atmosphäre und die persönliche Betreuung genoss; auch Thomas und Katja Mann wohnten bei ihrem ersten Besuch nach Kriegsende im Savoy. Erst Jahre später wechselten wir ins Hotel Kempinski. Dieses Haus verfügte über einen Pool, in dem wir unser tägliches Schwimmprogramm ungestört absolvieren konnten. Die Berufskrankheit der Dirigenten heißt: stark verkrampfte Muskelpartien des Halses und des Schultergürtels, unerträgliche Rückenschmerzen und die Tendenz zu qualvollen Bandscheibenvorfällen. Das tägliche Schwimmen bedeutete für meinen Mann deshalb reins-

tes Überlebenstraining; an jedem unserer späteren Auf-
enthaltsorte – ob Hotel oder eigener Wohnsitz – gehörte
ein Pool zum unentbehrlichen Inventar.

Und meine Premiere? Wie würde ich das erste Konzert
in Berlin als Ehefrau des Mannes, den sie in jenem Augenblick wie einen Gott anbeteten, überstehen; in einer
wankelmütigen Umgebung, in einer Stadt, die ihre
Künstler verehrte und ohne ersichtlichen Grund umgehend wieder fallenlassen konnte – wie beispielsweise
Marlene Dietrich bitter genug erfahren musste. Ich war
wesentlich nervöser, als ich je zugegeben hätte, doch ich
ließ mir nichts anmerken.

Noch auf dem Weg vom Hotel bis zur Hochschule für
Musik und Darstellende Kunst zitterte ich. Doch meine
Befürchtungen erwiesen sich als völlig unbegründet:
Menschentrauben hatten sich vor dem Eingang versam-
melt. Männer und Frauen jeglichen Alters, Studenten
und Schüler, elegant gekleidete Herren der Berliner Gesellschaft standen genauso an wie eine stille Schönheit
namens Anja Silja, die nur zwei Jahre später als Senta in
Wagners *Fliegendem Holländer* in Bayreuth ihren weltweiten Durchbruch schaffen sollte. Dass mein Mann zur
ersten Riege der Dirigenten gehörte, war mir durchaus
bewusst; welche Dimension seine Berühmtheit inzwischen allerdings angenommen hatte, wurde mir erstmals
an diesem Herbstnachmittag in aller Deutlichkeit vor
Augen geführt.

Am 18. Oktober 1958, nur zehn Tage nach unserer
Hochzeit, begann das Konzert um 17 Uhr im großen, ver-
schwenderisch mit Blumen geschmückten Konzertsaal
der Hochschule für Musik. Herbert dirigierte vom Cem-

balo aus zuerst Bachs *Drittes Brandenburgisches Konzert*. Diese historische Aufführungspraxis mit kleinem Kammerorchester kommt heutzutage nur noch selten, vorwiegend bei Bachs *Brandenburgischen Konzerten* und Vivaldis *Vier Jahreszeiten* zum Einsatz. Der Pianist – und in diesem Fall Dirigent in Personalunion – legt auf dem Cembalo ein Bassfundament oder ein Basso continuo, wie es für die sogenannte barocke Spielweise vorgeschrieben ist. Im Anschluss an diese so außergewöhnliche Darbietung, die meinem Mann als ausgebildetem Pianisten sichtlich Spaß gemacht hatte, gab es Schumanns *Konzert für Violoncello* mit Pierre Fournier und *Ein Heldenleben*, Richard Strauss' pompöse Tondichtung über das komplizierte Leben eines Künstlers, als krönenden Abschluss. Das Publikum war völlig aus dem Häuschen, Bravorufe überschlugen sich und irgendwann habe ich aufgehört zu zählen, wie oft Herbert auf die Bühne kam, um den bis zum Ende tosenden Applaus entgegenzunehmen.

Mein Mann hatte das äußerst anspruchsvolle Berliner Publikum im Sturm erobert. Und – was beinahe noch wichtiger war – die Musiker ebenfalls. Was wir in einem Konzert als harmonischen, klingenden Gesamteindruck erleben, wird von achtzig bis hundert Individualisten hervorgezaubert, die alle auf einen Mann hören. Das ist wie eine Gruppe hungriger Tiger zu bändigen, wobei diesem Dompteur lediglich ein dünner Stab und seine kraftvolle Ausstrahlung zur Verfügung stehen.

Ein weiteres Wunder, diesmal eines der Architektur, stellte der fünf Jahre später von Herbert mit dem berühmten Architekten Hans Scharoun in die Wege geleitete Neubau der Berliner Philharmonie am Kemperplatz dar. Die beiden hatten einiges gemeinsam: Scharoun wie Karajan waren stets darum bemüht, sich von vorgegebenen Schemata zu lösen und ihr Metier – Scharoun das Bauen, Karajan die Musik – aus einem besonderen Funktionscharakter heraus zu entwickeln. Die Philharmonie, die international als einer der gelungensten Bauten seiner Art gilt und ein Klangerlebnis von seltener Eindrücklichkeit bietet, ist Scharouns Hauptwerk. Um das Zentrum des Musikpodiums steigen terrassenförmig und unregelmäßig die Ränge der Zuschauer an, die Musiker sitzen mitten im Publikum – ein völliges Novum damals – und sind von allen Seiten zu sehen. Die Decke schichtet sich wie ein zeltartiges Firmament über die architektonische Landschaft. Wegen dieser eigentümlichen, zirkusartigen Bauform mit dem Konzertpodium in der Mitte wurde der Bau im Berliner Volksmund auch scherzhaft *Zirkus Karajani* genannt. Als am 15. Oktober 1963 die offizielle Einweihung im Beisein sämtlicher Honoratioren der Stadt mit einer Aufführung von Beethovens *9. Symphonie* erfolgte, konnte mein zufriedener und glücklicher Herbert zum zweiten Mal innerhalb von drei Jahren einen Konzertsaal, dessen Bau er angeregt hatte, seiner Bestimmung übergeben. Leider hatten die »Architekten« der DDR in der Zwischenzeit die Mauer direkt hinter der Philharmonie hochgezogen. Da half es auch nicht, dass der charismatische Bürgermeister Willy Brandt, ein großer Verehrer meines Mannes, uns »seine Stadt« mit viel Verve und Charme ans Herz legte; ich vergesse nie, wie verzweifelt er über den Bau dieses Ungetüms war.

Die Welt der Musik, der ich mich dank Herberts sorgfältigen Unterweisungen immer mehr verbunden fühlte, füllte mich rund um die Uhr derart aus, dass ich meinen Beruf leichten Herzens ganz an den Nagel gehängt hatte. Über die Musik fand ich zu einer bis dahin in mir verborgenen, weil nicht benötigten Fähigkeit: Ich besaß einen intuitiven Zugang zu künstlerischen Darbietungen, die den analytischen von Herbert um wertvolle Aspekte ergänzte, wie er mir immer wieder bestätigte. Wir waren das, was man im Sport ein »dream team« nennt, ohne dass es in der Öffentlichkeit bekannt wurde. Zwar sah man mich stets bei den Proben, spekulierte darüber, dass dies wohl der Verliebtheit zuzuschreiben sei, aber kaum jemand wusste, dass wir beinahe jeden Abend den Verlauf der Proben, die Abläufe und den Gesamteindruck der Darbietung miteinander diskutierten.

Langweilig war es keinen Augenblick, ab und zu verspürte ich Heimweh nach Frankreich, nach Sonne und Wärme und der Sprache; dann telefonierte ich ausgiebig mit einer meiner Freundinnen. Ansonsten pflegten wir, wenn wir uns in Berlin aufhielten, kaum gesellschaftliche Kontakte, die über die offiziellen Pflichten hinausgingen.

Wann immer wir ein wenig freie Zeit erübrigen konnten, zeigte mir Herbert Ecken von Berlin, die er noch aus seiner ersten Zeit kannte. Damals hatte er die Zwangspause auf seine eigene Art genutzt: Er lernte mit geschlossenen Augen, fast in Trance, zu dirigieren und die Partituren komplett bis auf das letzte Sechzehntel im Kopf zu haben. Vor allem aber interessierte sich Herbert für die musikalische Szene dieser Weltstadt. Dabei vermied er jedes Aufsehen und suchte deshalb Proben anderer Institutionen auf, ohne sich vorher wie viele Kollegen mit großem Tamtam anzukündigen. So wollte er sich beispielsweise 1970 an einem Vormittag die Probe zu *Schwanensee* mit dem Ballettidol Rudolf Nurejew in der Deutschen Oper ansehen. Den alten Logenschließer, der uns leise die Tür öffnete, damit wir uns unbemerkt hineinschleichen konnten, kannte er noch von früher. Leider hatten wir Pech: Die im Raum verteilten Assistenten erkannten Herbert sofort, es wurde unruhig im Saal, was ihm ausgesprochen peinlich war, und so verschwanden wir wieder, bevor die Szene zu Ende war.

Bei einem dieser Streifzüge führte mich Herbert eines Tages an einen ganz besonderen Ort: die kleine Jesus-Christus-Kirche in Dahlem, die nach Ende des Krieges dank ihrer herausragenden Akustik im zweiundzwanzig Meter hohen Kirchenschiff bis heute einer der beliebtesten Orte für Schallplattenaufnahmen der berühmtesten Interpreten und Orchester aus aller Welt ist. Nie hätte ich beim Anblick dieses Gotteshauses gedacht, dass darin einmal das umfangreichste Schallplattenprojekt meines Mannes aufgezeichnet werden sollte. In diesem kargen, aber mit einem außergewöhnlichen Klangraum gesegneten Ort der Besinnung spielte er 1960/61 seinen ersten Beethoven-Zyklus mit allen neun Symphonien ein; 1966 bis 1969 folgte der komplette *Ring des Nibelungen* von Richard Wagner. Wenn ich heute diese Aufnahmen höre, bekomme ich immer noch eine Gänsehaut.

Bei unserem ersten Berlinaufenthalt allerdings waren die Tage an der Spree gezählt, denn schon bald hieß es, die Koffer zu packen, weil Herbert am 21. Oktober 1958 mit den Berliner Philharmonikern auf Deutschland-Tour-

79

nee ging. Selbstverständlich begleitete ich ihn durch die deutsche Provinz, durch das deutsche Wirtschaftswunderland, in dem überall der Aufbruch und der Geist von Ludwig Erhard zu spüren waren; seine imposante Figur und seinen unverwechselbaren Charakterkopf habe ich noch von einem Pausenempfang während eines Konzerts der Berliner Philharmoniker in Bonn in Erinnerung – und viel Zigarrenqualm.

Ich freute mich auf diese Tour, denn ich war neugierig darauf, wie Herbert und seine Berliner in für mich so fremdartig klingenden Städten wie Wolfsburg, Stuttgart, Mannheim oder Freiburg aufgenommen werden würden. Den Namen Wolfsburg verbindet heutzutage jedes deutsche Kind mit dem dort hergestellten Kultauto VW und meint damit den legendären Käfer. Auch bei unserem Besuch anno 1958 wuselten bereits Tausende von Arbeitern in den gewaltigen Hallen. Herbert hatte schon Mitte der fünfziger Jahre im Konzerthaus des Volkswagenkonzerns Schubert, Strauss und Beethoven mit den Berliner Philharmonikern gespielt; diesmal gastierte das Orchester in der im Mai desselben Jahres feierlich eröffneten Stadthalle mit Mozarts *Haffner-Symphonie*, »Vorspiel« und »Liebestod« aus *Tristan und Isolde* und Dvořáks 9., »Aus der Neuen Welt«.

Herberts Motivation, diese Tournee durchzuführen, bezog er aus der für ihn völlig einleuchtenden Erkenntnis, dass nur ein Leben mit Musik, vor allem mit den wesentlichen Werken der Weltmusikliteratur, ein erfülltes Leben sei. »Die Menschen brauchen Mozart, Beethoven, Mahler – und wenn sie nicht in die großen Städte kommen können, so ist es an uns, die Musik zu ihnen zu bringen«, betonte er auf dieser Reise immer wieder. Und er schaffte es einmal mehr, mich mit seiner Begeisterung anzustecken. Herbert wusste, dass es nicht ausreicht, in den großen Kulturmetropolen wie Paris, London, Berlin, Wien oder Salzburg vor Musikkennern aufzutreten, denen Namen wie Berlioz, Bizet, Donizetti, Mahler oder Weber ein anerkennendes Nicken entlockten. Außerdem verkaufte er die meisten Schallplatten außerhalb der international etablierten Musikhauptstädte, also hatte das Publikum in Wolfsburg, Stuttgart, Mannheim, Freiburg auch das gute Recht, ihn und die Berliner live zu erleben – selbst wenn die Akustik in den zur Verfügung stehenden Sälen nicht unbedingt die beste war.

Unsere erste gemeinsame Deutschlandreise endete in Freiburg, dann ging es nach einem kurzen Abstecher in die Schweiz mit Halt in Zürich und Basel für je zwei Konzerte nach Mailand und nach Rom. Es gelang mir von Tag zu Tag besser, mich in die »Berliner« zu integrieren. Und ich fieberte mehr und mehr mit, wenn Herbert und das Orchester etwas Neues wagten – wie in den beiden Konzerten in Rom. Herbert hatte sich am ersten Abend für die beliebte Ouvertüre aus Luigi Cherubinis *Anacrèon* entschieden – eine Verneigung vor dem italienischen Publikum; am zweiten Abend stand Paul Hindemiths *Mathis der Maler* auf dem Programm. Diese Symphonie, eigentlich ein Auszug aus der gleichnamigen Oper, sprach Herbert und mich in unserem spirituellen Empfinden an. Die drei Sätze sind der berührende Versuch, die Motive des Isenheimer Altars musikalisch darzustellen, und schon die Namen »Engelskonzert« für den ersten Satz, »Grablegung« für den zweiten und »Die Versuchung des

81

heiligen Antonius« für den dritten zeugen von der tiefen Ergebenheit ihres Komponisten gegenüber unserem Schöpfer.

Die nächste Station hieß Paris, auch hier blieb uns keine Zeit für Sightseeing oder gemütliche Stunden zu zweit. Herbert setzte auf Boris Blacher, einen zeitgenössischen Komponisten, den er aufmerksam verfolgte und auf den er große Stücke hielt; er betrachtete ihn als eine der bedeutendsten Persönlichkeiten der Musik des 20. Jahrhunderts. Ihm imponierte, wie geschickt Blacher bei seinen Kompositionen ein System der variablen Metren einsetzte, um eine musikalische Symmetrie mit vielen, teilweise mathematisch aufgebauten Taktwechseln zu durchbrechen. Sie sehen, ich war eine gelehrige Schülerin! Die Aufführung im Théâtre National du Palais de Chaillot hörte sich auch Leonard Bernstein an, der von diesem Komponisten übrigens ebenso begeistert war wie Herbert.

Nach nur zwei Tagen an der Seine flogen wir für zwei weitere Konzerte nach London. Es war eine doppelte Premiere: Herbert hatte die Berliner bisher noch nie vor britischem Publikum dirigiert. Und wir kamen zum ersten Mal als Ehepaar in die Stadt. Über dem Programm hatte mein Mann lange gebrütet, denn die Engländer waren kein einfach zu gewinnendes Publikum. Mit Beethovens *Eroica* und *Pastorale* sowie einer Zusammenstellung aus Mozarts *Haffner-Symphonie*, dem »Vorspiel« und dem »Liebestod« aus *Tristan und Isolde* sowie der *Ersten Symphonie* von Brahms gelang ihm dort ein von »standing ovations« begleiteter Durchbruch.

82 Kaum einen Monat waren wir verheiratet, schon tour-

ten wir durch die halbe Welt; das Ende der Saison verbrachten wir in New York. Die ununterbrochene Reise-
rei war anstrengend, es waren ja keine Vergnügungstou-
ren. Außerdem glich das Fliegen in den fünfziger Jahren
noch einem echten Abenteuer; um New York zu erreichen, waren zwei Zwischenlandungen – in Irland und in
Gander auf Neufundland – notwendig, da unterwegs
nachgetankt werden musste. Was für mich insgesamt drei
Starts und drei Landungen bedeutete, die ich – schlot-
ternd vor Angst – durchstehen musste, während mir Herbert bei jedem Luftloch einfühlsam die Hand hielt. Ständige Ortswechsel war ich aus meiner Modellzeit durchaus
gewohnt, aber dieses »heute hier, morgen dort« konnte
selbst ein Energiebündel wie mich ermüden. Manchmal
musste ich mich morgens nach dem Aufwachen erst ori-
entieren, in welchem Land, in welcher Stadt wir uns gerade befanden. Deshalb staune ich noch heute, wie leicht
Herbert diese Strapazen verkraftete.

In New York wurden wir herzlich empfangen. Für die
Amerikaner waren wir ein junges, gutaussehendes Paar,
dessen männlicher Teil zu den »top 5« der Dirigenten-
gilde gehörte. Sicher trug zu Herberts grandiosem Erfolg
auch der Umstand bei, dass er erstmals die New Yorker
Philharmoniker dirigierte und diese mit Mozarts *Jupiter*-
Symphonie und Richard Strauss' *Ein Heldenleben* zu
Höchstleistungen führte.

Zum Thema Einfühlungsvermögen: Das zeigte mein
Mann auch mir gegenüber. Als wir das nächste Mal nach
Amerika reisten, durfte ich das Transportmittel bestim-
men. Und ich wählte – Sie haben es sicher erraten – das
Schiff. Nicht irgendeins, sondern die »Queen Mary«.

83

In der neuen Welt

Seit Anfang 1955 war Herbert nicht nur Chefdirigent der Berliner auf Lebenszeit, sondern seit März 1956 auch künstlerischer Leiter der Wiener Staatsoper. Somit führte er gleichzeitig zwei der weltbesten Orchester, was eine enorme Herausforderung darstellte.

Mitte Oktober 1959 sollte die erste Welttournee der Wiener Philharmoniker beginnen, die Vorbereitungen liefen bereits im Frühling 1958 auf Hochtouren. Ausgehend von unzähligen Anfragen aus aller Welt, hatte Herbert in Abstimmung mit den Wienern beschlossen, es sei nun an der Zeit, sich international als eines der besten Orchester zu etablieren. Und wenn es schon über die bis dahin gewohnten Spielorte hinausgehen sollte, dann auch richtig. Jules Verne ließ grüßen: sechsundzwanzig Konzerte in achtzehn Städten und sechs Ländern in knapp fünf Wochen standen auf der Tournee-Route, drei Mal wechselten die Musiker den Kontinent und verbrachten nahezu ein Drittel der gesamten Zeit in Flugzeugen. Damals flogen weder der Airbus 300 noch die Concorde, und Langstreckenflüge erforderten mehrere Zwischenlandungen – eine heutzutage unvorstellbare physische Belastung; nach der Landung in Bombay, Manila oder Tokio blieb kaum Zeit, sich auf das Klima einzustellen, meist mussten die Orchestermitglieder noch am selben Tag eine Ortsbesichtigung und eine Probe abhalten. Damals blieb den Musikern wenigstens Gelegenheit für ein bis zwei Proben vor den Auftritten, inzwischen hetzen sie häufig von der Flughafenhalle direkt auf die Bühne, wo das gespannte Publikum eine Glanzleistung von ihnen erwartet.

Diese Tournee war in jeder Hinsicht eine Herausforderung allererten Ranges, denn hundertfünfzehn Musiker und ihre Instrumente sicher von Stadt zu Stadt, von Kontinent zu Kontinent zu spedieren, entsprach einer logistischen Meisterleistung. Mit Ausnahme des Flügels mussten alle Originalinstrumente sorgfältig registriert, der internationalen Zollbehörde gemeldet und in spezielle Kisten verpackt werden; nicht zu reden von der Konzertbekleidung – hundertfünfzehn Fracks, die entsprechende Anzahl Hemden und je eines als Ersatz, pro Mann zwei bis drei Fliegen – und natürlich den Noten für jedes einzelne Stück und jedes einzelne Instrument.

Mitten in diesem Trubel versprach mir Herbert eines Tages: »Während der Tournee werden wir endlich genügend Zeit haben, um unsere Flitterwochen nachzuholen.« Bis dahin konnte man nur von ein paar gestohlenen »Flitterstunden« sprechen, die wir uns ab und zu gönnten, trotzdem blieb ich skeptisch, denn je tiefer ich in seine Welt eintauchte, desto besser verstand ich, unter welchem enormen Druck mein Mann auch ohne diese Welttournee tagein, tagaus stand.

Zu dieser Zeit wohnten wir – so man es denn »wohnen« nennen kann, andere sprachen von Zwischenaufenthalt – hauptsächlich in Wien. Herbert fuhr täglich von unserer

Wohnung an der Hohen Warte im 19. Bezirk in sein Büro in die Wiener Staatsoper; er war morgens stets einer der Ersten und abends meist der Letzte, der die Oper verließ. In Absprache mit dem Orchestervorstand legte er das umfangreiche Repertoire für die Aufführungen fest: Symphonien von Haydn, Mozart, Beethoven, Schubert, Brahms und Bruckner sowie Orchesterwerke von Händel, Carl Maria von Weber, Richard Wagner, Richard Strauss sollten aufgeführt werden. Nichts in diesem auf die Minute ausgetüftelten Ablauf konnte dem Zufall überlassen werden, selbst die Zugaben wurde im Voraus bestimmt: Es sollten Stücke von Vater und Sohn Johann Strauß sowie Josef Strauß sein.

Ein besonderes Highlight im Repertoire stellte *Die Legende vom Prinzen Eugen*, das bekannteste Werk des zeitgenössischen Komponisten Theodor Berger dar. Zwischen den beiden – Berger und Herbert – bestanden nur drei Jahre Altersunterschied, zudem hatte Wilhelm Furtwängler, dessen Urteil Herbert sehr schätzte, seinen Landsmann schon 1932 unter die Fittiche genommen und ihn durch Aufführungen und Empfehlungen im In- und Ausland gefördert. Andererseits hätten die Unterschiede nicht größer sein können: Theodor Berger stammte aus ärmlichsten Verhältnissen und hatte deshalb in seiner Kindheit auch kaum Gelegenheit, sich mit Musik zu beschäftigen. Im Zuge seiner Lehrerausbildung wurde er sich im Alter von siebzehn Jahren seiner eigentlichen Berufung als Komponist bewusst. Erst dank der Unterstützung einiger begüterter Familien konnte er an der Wiener Musikakademie studieren. Herbert hingegen, aus wohlhabender Familie stammend, begann bereits als

Vierjähriger, Klavier zu spielen, und erwies sich als musikalisch außerordentlich begabt. Schon während seiner Schulzeit besuchte er das Mozarteum und ließ sich als Pianist ausbilden.

Begegnet waren sich Herbert und Berger während ihrer Studienzeit an der Wiener Musikakademie; es entwickelte sich eine gegenseitige respektvolle Sympathie, mein Mann hat zwei seiner Werke – *Homerische Symphonie* (1948) und *Concerto manuale* (1951) – uraufgeführt und zwischen 1943 und 1959 drei weitere Werke von Berger – *Die Legende vom Prinzen Eugen, Rondo Giocoso* und *Sinfonia parabolica* – insgesamt vierzehn Mal öffentlich aufgeführt.

Mit der »Legende vom Prinzen Eugen« hat sich Herbert, wie jeder historisch interessierte Österreicher, intensiv beschäftigt, und als es darum ging, in »die neue Welt« ein musikalisch aktuelles Gastgeschenk aus »der alten Welt« mitzubringen, wählte er das gleichnamige Orchesterwerk von Berger. Es ist eine – historisch wie musikalisch – interessante Geschichte: Das Volkslied *Prinz Eugen, der edle Ritter* beschreibt die Belagerung und Einnahme Belgrads durch Eugen von Savoyen im Jahre 1717 während des sechsten österreichisch-türkischen Krieges. Das Lied, in Balladenform abgefasst, wurde vermutlich unmittelbar nach der Einnahme der Stadt von einem österreichischen Soldaten gedichtet und schildert blutig-präzise die Vorgänge während der Schlacht.

Mit jeder Oper oder Symphonie, die Herbert neu einstudierte, machte ich mich vertraut; es interessierte mich nicht nur inhaltlich, ich wollte ihm auch eine verständnisvolle Gesprächspartnerin sein. Herbert näherte sich jedem neuen Werk, das er mit einem Orchester in Angriff nahm, ausschließlich analytisch, das heißt: Am Anfang stand immer das intensive Studium der Partitur; nur in Ausnahmefällen hörte er sich Schallplattenaufnahmen von Kollegen an. Man kann durchaus sagen, dass er die Partituren geradezu sezierte – vermutlich ein Erbe seines Vaters, der ein bekannter Chirurg in Salzburg war. Meine Herangehensweise war ganz anders, da ich eher ein »Bauchmensch« bin. Was Herbert über seinen scharfen Verstand und seine Fähigkeit, Musik ab Blatt im Kopf zu »hören«, in einem Werk bezüglich Tiefgang und Bedeutung erkannte, eröffnete sich mir durch mein ausgeprägtes Gefühl für menschliche Höhen und Tiefen, für emotionale Dramatik und Zwischentöne. In diesem Sinne ergänzten wir uns perfekt, und das war auch der Grund, warum er mich – wann immer möglich – als einzige Person bei jeder Probe dabeihaben wollte.

Leider klappte das nicht ganz bei besagten Proben für die Welttournee: Ich besuchte damals vormittags einen Deutschkurs an der Wiener »Urania«, eine Art Volkshochschule, um mich mit Herbert endlich auch in seiner Muttersprache besser verständigen zu können, und pendelte regelmäßig zwischen der Hohen Warte und dem Musikverein an der Bösendorfer Straße 12 im ersten Bezirk hin und her, wo Herbert das Monsterprogramm vorbereitete.

Am 17. Oktober 1959 war es endlich so weit. Zwei Maschinen der holländischen Airline KLM warteten am Wiener Flughafen Schwechat, beladen mit drei Tonnen Gepäck. Auf der Zuschauerterrasse spielten sich filmreife Szenen ab; etwa dreihundert Ehefrauen, Mütter und Kinder winkten weinend, manche gar mit einem Taschentuch in der Hand – als sei es ein Abschied für immer, als würden sie ihre Männer und Väter nie mehr wiedersehen.

Die erste Station hieß Indien, in Neu-Delhi sollte der Auftakt mit *Till Eulenspiegel* von Richard Strauss, der Ouvertüre zu *Euryanthe* von Carl Maria von Weber und Beethovens *Fünfter* stattfinden. Nach etwas mehr als zwanzig Stunden im Flugzeug landeten wir in dieser brodelnden Metropole; für Besichtigungen blieb wenig Zeit, dazu war der Terminplan einfach zu eng, doch uns war ein wunderbarer Abend vergönnt, der mir bis heute in Erinnerung geblieben ist.

Nach dem Konzert begrüßte uns der indische Premierminister Pandit Jawaharlal Nehru, der mit großem Gefolge erschienen war, und gratulierte meinem Mann und dem Orchestervorstand zur gelungenen Darbietung. Gemeinsam brachen wir in seiner Staatskarosse zu einem festlichen Empfang im Regierungssitz auf. Was für ein Privileg, als Tischdame mit einem der mächtigsten Männer der Welt zu dinieren! Premier Nehru plauderte ganz frei und ungezwungen mit mir über seine Eindrücke von England, wo er seine weiterführende Schulausbildung genossen hatte. Er erzählte von seinem Biologiestudium in Cambridge und seiner Rechtsanwaltsausbildung in London, und natürlich von seiner interessanten Zeit als Privatsekretär Mahatma Gandhis nach seiner Rückkehr in seine Heimat. Zweimal hatte er Wien besucht, erstmals 1910 und noch einmal nach dem Zweiten Weltkrieg. Ich hing an seinen Lippen, denn dieser Mann strahlte eine Wärme und Intelligenz aus, die mich zutiefst beeindruckten.

89

Und in diesem Stil ging es am nächsten Tag gleich weiter; etwa zur Lunchzeit meldete die Rezeption, dass Indira Gandhi, Nehrus Tochter und spätere Premierministerin, in der Lobby sei und mich sehen möchte. Blitzschnell machte ich mich frisch und eilte nach unten, die Tochter eines Premierministers lässt man schließlich nicht unnötig warten. Der äußerst zuvorkommende Hotelmanager hatte einen Raum hergerichtet und ließ Erfrischungen servieren; wir unterhielten uns ungefähr eine halbe Stunde auf Englisch, dann überreichte mir Indira Gandhi einen farbenprächtigen Sari, den ich stets in Ehren gehalten habe. Noch heute überläuft mich ein Schauer, wenn ich daran denke, dass diese außergewöhnliche Politikerin ein so tragisches Ende fand. Den 31. Oktober 1984, der Tag, als sie von ihren eigenen Leibwächtern kaltblütig ermordet wurde, werde ich nie vergessen; Herbert und ich waren völlig schockiert, nachdem wir die Nachricht aus den Medien erfahren hatten.

Von Neu-Delhi ging es am nächsten Tag weiter nach Bombay. Meistens wohnten wir im jeweiligen Grand Hotel, manchmal aber auch in einfachen 3-Sterne-Häusern – je nach Gegebenheiten des Landes; Herbert wollte immer in unmittelbarer Nachbarschaft »seiner« Musiker logieren und zog deshalb durchaus auch einfachere Häuser, ohne ausgefeilten Service, in Betracht. Was dann manchmal dazu führte, dass meine weiblichen Fähigkeiten der speziellen Art enorm gefragt waren: Es konnte nämlich durchaus vorkommen, dass ich mit dem Reisebügeleisen Frackhemden aufbügelte, die ich zuvor von Hand ausgewaschen und mit dem Föhn getrocknet hatte.

Um das physische Wohlbefinden der ganzen Crew kümmerte sich ein Arzt, den Herbert in Wien für die ganze Tournee engagiert hatte; die ständigen Temperaturwechsel – den einen Tag noch in den Tropen, nur wenige Stunden später bereits in nass-feuchtem Klima – wie auch die ungewohnte Küche – europäische Mägen kommen selten auf Anhieb mit der asiatischen Schärfe zurecht – machten vielen zu schaffen. Herbert vertrug die Reisestrapazen wie das Essen ausgezeichnet, er hielt sich mit eiserner Disziplin fit, machte, egal wo wir uns aufhielten, jeden Morgen seine Yoga-Übungen, und selbst jederzeit von jedermann mit irgendetwas in Anspruch genommen zu werden, schien ihm überhaupt nichts auszumachen. Auch ich fühlte mich pudelwohl, erst in Tokio wurde mir häufiger schlecht, aber das hatte einen anderen Grund …

Das enge Zusammenleben mit einhundertfünfzehn Männern – ohne meinen Ehemann dazuzuzählen – stellt allerdings hohe Anforderungen an das menschliche Einfühlungsvermögen. Stellen Sie sich das für einen Moment bildlich vor: fünf Wochen nahezu vierundzwanzig Stunden mit denselben Menschen, noch dazu so vielen, entweder in einem Transportmittel, in einem Hotel oder in einem Konzertsaal zu sitzen. Auch im schönsten Land überkommt einen dann ab und zu das Heimweh oder die Sehnsucht, ein paar Tage allein sein zu wollen. Ich habe die Musiker auf dieser Tournee hautnah erlebt, habe beobachtet, wie nervös und angespannt sie vor einem Auftritt sein konnten, aber auch wie gelöst und heiter, wenn sie mit »standing ovations« von Menschen empfangen wurden, deren Sprache sie – wie beispielsweise in Ja-

pan – nicht verstanden. Oder der überwältigende Anblick von siebentausend respektive achttausend Menschen, die erwartungsfroh in ein Konzert mit klassischer
Musik kommen, wie es beispielsweise an den beiden
Veranstaltungen in Manila geschah. Mitzuerleben, wie
Musik als universelle Weltsprache jegliche Sprachbarrie-
ren überwindet, ist unvergleichlich. Herbert kam seinen
Musikern in jenen Wochen menschlich sehr nahe; einige
kannte er seit 1957, seit er als künstlerischer Leiter der
Wiener Staatsoper engagiert wurde, andere gehörten
erst seit kurzem dazu.

In Hongkong, dem vierten Etappenziel – zu diesem
Zeitpunkt noch unter britischer Kronherrschaft –, erlebte
auch ich einen mir völlig »neuen« Herbert; der ansonsten so beherrschte Mann gab sich spontan und geradezu
ausgelassen. Eine britische Militärmusikkapelle empfing
uns noch auf dem Rollfeld mit »O, du mein Österreich«;
Herbert konzentrierte sich auf die ersten drei, vier Takte,
steuerte dann auf den völlig verblüfften Kapellmeister
zu, nahm ihm mit einem freundlichen Lächeln den weißen Stab aus der Hand und dirigierte zur allgemeinen Er-
heiterung diesen Marsch zu Ende. Begeistert über diese
unverhoffte und in ihrer Ausprägung nie erwartete Begegnung mit einem der berühmtesten Dirigenten der
Welt, signalisierten die Engländer, dass sie noch »mehr
Karajan« wollten, und Herbert spielte amüsiert mit: Als
Zugabe gab es eine inbrünstige, wenn auch nicht ganz
flüssige Version des *Radetzkymarsches*.

Viele Eindrücke einer solchen Reise verblassen nach
mehr als vierzig Jahren, andere bleiben für immer in
Erinnerung, wie die folgende Szene in Bombay. Das Kon-

zert im St. Zaviers' College war total ausgebucht. Jeder Platz war besetzt, die Menschen drängelten sich sogar auf den Stufen und ließen sich auf dem Boden nieder; fast wähnte man sich in einem der überladenen Züge, bei denen die Menschen sich in jede nur mögliche Öffnung hineinquetschen. Selbst für mich gab es keine Sitzgelegenheit mehr. Hier war Erfindungsreichtum gefragt, Herbert wollte unbedingt, dass ich dabei bin; abends, auch wenn es noch so spät wurde, sprachen wir jeweils über die Vorstellung, über meine Eindrücke – also kam es überhaupt nicht in Frage, dass ich mir das Konzert hinter der Bühne anhöre. Flugs entschied er: »Eliette, dann setzt du dich eben ins Orchester!« Die Musiker mussten noch enger zusammenrücken und ich nahm schließlich hinter der Harfe Platz.

Nach diesem legendären Konzert drängelten sich unvorstellbare Menschenmassen vor dem Künstlereingang: Ein farbenprächtiges Gewimmel von Saris und Männern in traditionellen Gewändern, viele auch im Smoking nach westlichem Vorbild. Sie wollten Herbert sehen, ihn – wenn möglich – berühren und ein Autogramm ergattern. Aussichtslos, mit dem Auto ins Hotel zurückzukehren; kurz entschlossen machten wir uns zu Fuß auf den Weg, nachdem Herbert Tausende von Händen geschüttelt und unzählige Male seinen Namen auf Autogrammkarten, Programmhefte oder irgendeinen hingehaltenen Zettel gekritzelt hatte. In diesem Gewühl muss mir meine Handtasche zu Boden gefallen sein, was ich aber erst – heilfroh, unbeschadet ins Hotel gekommen zu sein – bemerkte, als wir die Lobby betraten. Glauben Sie mir, ich wurde bleich vor Schreck: In der Handtasche befanden

93

sich mein Pass und einige ganz persönliche Sachen. Ja, Sie haben recht – ich hätte den Pass in den Hotelsafe geben können, aber aus meiner Modell-Zeit war ich gewöhnt, immer das Nötigste bei mir zu haben, und so passierte es halt.

Ich hatte die Hoffnung schon aufgegeben, da meldete sich der Hotelportier und sagte, ein kleines Mädchen sei bei ihm und wolle mir etwas überreichen. Er entschuldigte sich wortreich, aber das Kind sei nicht davon abzubringen, ob ich mich wohl in die Lobby bemühen könnte ... Nicht gerade begeistert fuhren Herbert und ich mit dem Lift nach unten; ein reizendes Mädchen kam direkt auf mich zu, knickste schüchtern und zog hinter seinem Rücken meine Tasche hervor. Völlig überrascht konnte ich mich nicht einmal richtig bedanken, sie hatte sich bereits umgedreht und eilte zu ihren Eltern, die vor dem Eingang warteten. Herbert reagierte schneller, er folgte der Kleinen bis nach draußen, bedankte sich bei ihr und den Eltern. Und, da sprach sein großzügiges Herz aus ihm, er lud die ganze Familie für den nächsten Abend ins Konzert ein – ohne zu fragen, wie viele Mitglieder sie denn umfasste ...

»Boarding completed«, meldete der Co-Pilot und die Stewardess kontrollierte, ob wir die Sicherheitsgurte auch alle vorschriftsmäßig angelegt hatten. Aeronautisch gesehen verlief unser Flug von Hongkong nach Tokio äußerst angenehm, für Turbulenzen der besonderen Art sorgten lediglich Mitglieder der Orchester-Crew. Ein paar junge Musiker hatten heimlich österreichischen Wein an Bord geschmuggelt, um über den Wolken einen lang vermissten Heurigenabend zu improvisieren. Die

Stimmung wurde immer ausgelassener und plötzlich for-
derte mich der Erste Trompeter Helmut Wobisch auf,
meinem Mann einmal richtig »den Marsch zu blasen«.
Wie hätte ich es wagen können, Wobisch, damals Ge-
schäftsführer des Orchesters, zu widersprechen? Also
entlockte ich der Trompete, hoch über den Wolken, ein
paar Töne, woran Herbert sichtlich seinen Spaß hatte.

Die fünfte Station hieß Japan, und wir landeten am
27. Oktober in Tokio, worauf ich mich ganz besonders
freute, da wir mehrere Tage bleiben und dann – hoffent-
lich – ein paar ungestörte Stunden für uns finden würden.
Und ich hatte mir vorgenommen, mich in Tokio mit Ike-
bana vertraut zu machen. Diese ausschließlich in Japan
entstandene Kunst des Blumenarrangierens hatte mich
als Blumenfreundin vom ersten Moment an fasziniert; die
Gelegenheit, den besten Künstlern in ihrem Heimatland
zuzuschauen und von ihnen zu lernen, wollte ich auf keinen Fall verpassen. Doch es sollte anders kommen, mit
einem Mal fühlte ich mich körperlich unwohl; hatte es
mich schließlich doch erwischt, waren das ständige Fliegen, immer wieder das Ein- und Auspacken und die per-
manenten klimatischen Wechsel am Ende doch zu viel
für mich gewesen? Zunächst verdrängte ich mein Un-
wohlsein, auch wollte ich Herbert nicht beunruhigen, er
hatte wahrhaft genug am Hals. Die Berichte über den
verheerenden Taifun, einen der schwersten in diesem
Land, der etwa fünfzigtausend Opfer gefordert hatte,
gingen meinem Mann nämlich so nahe, dass er umgehend entschied, die beiden Konzerte in Nagoya und
Tokio zu Benefizveranstaltungen zu erklären und den
Reinerlös von rund 100 000 DM für die Opfer zu spenden,

was einiges an zusätzlichem Organisationsaufwand verlangte.

Trotz der Stille, der fast meditativen Atmosphäre, die
die Beschäftigung mit diesen filigranen Blumenarran-
gements bewirkt, blieb ich innerlich angespannt und
nervös. Hinzugekommen war eine morgendliche Übelkeit, die ich kaum mehr vor Herbert verbergen konnte.
Obwohl alles nicht besser hätte sein können, sehnte ich
mich plötzlich nach einem Ortswechsel – am liebsten
wäre ich mit dem nächsten Flugzeug in ein Kloster wie
San Gimignano in der Toskana geflogen, nur um allein
zu sein. So konnte es einfach nicht weitergehen, und auf
meine Bitte hin begleitete mich die Frau des österreichischen Botschafters in eine Klinik.

Sie vermuten richtig – diese morgendliche Übelkeit
verdankte ich meinem Baby. Ich war ganz einfach im Be-
griff, zum ersten Mal in meinem Leben Mutter zu werden, und Herbert zum ersten Mal in seinem Leben Vater.
Ich konnte es kaum erwarten, ihm die freudige Nachricht
zu überbringen – glauben Sie mir: Dieser Glanz in seinen
Augen, dieses Strahlen in seinem Gesicht haben sich mir
für immer und ewig ins Gedächtnis gebrannt.

»Mit San Gimignano wird es dann aber wohl nichts,
schwangere Frauen sind in einem Kloster nicht vorgesehen ...«, scherzte er spitzbübisch, nachdem die über-
schwängliche Freude einem stillen, in sich gekehrten
Glück gewichen war.

Auch ich freute mich sehr, uns beiden war jedoch auch
klar, dass ich die Tournee nicht länger begleiten würde.
Herbert war übervorsichtig, er wollte, dass sich die besten Ärzte von Paris um sein Kind und die dazugehörige

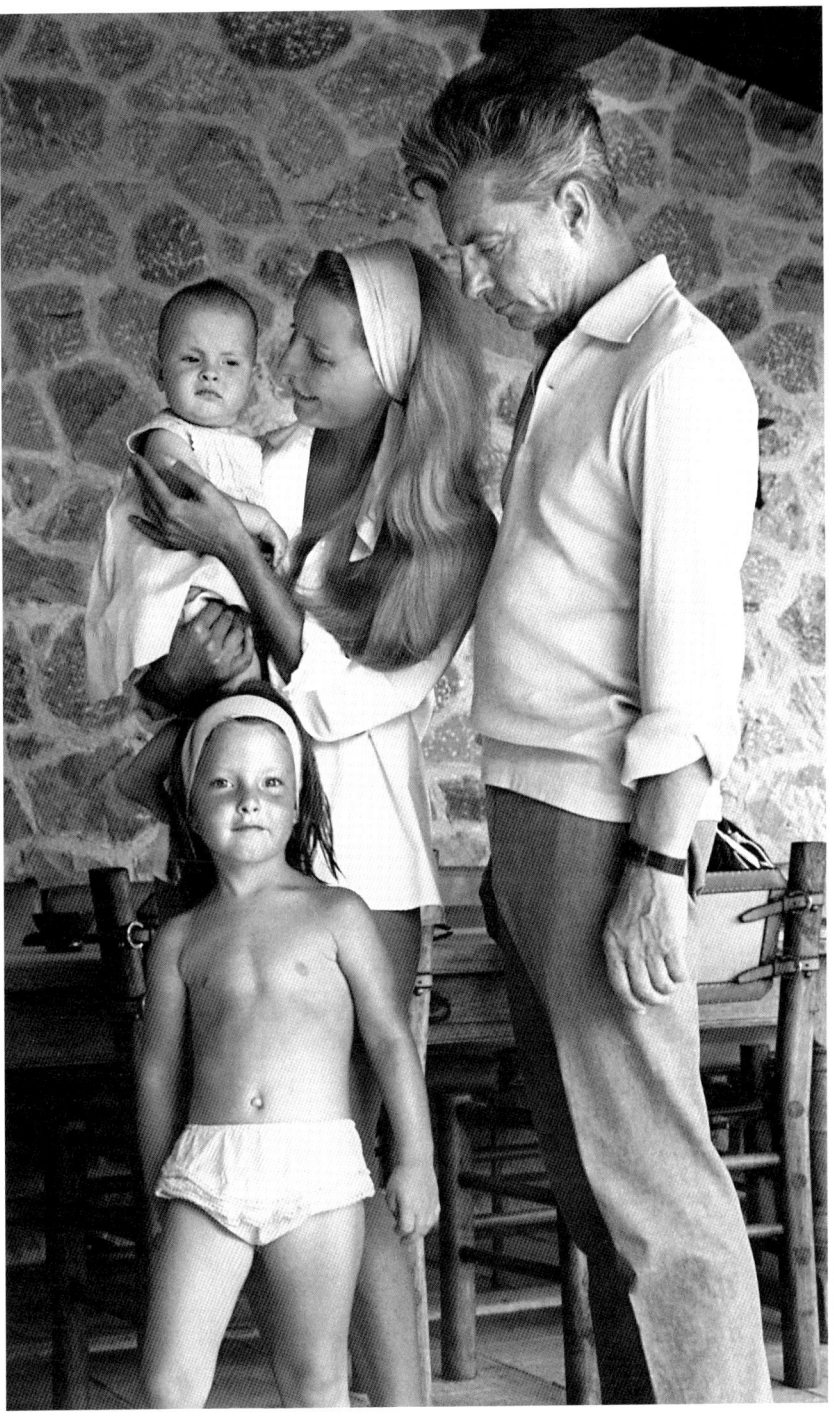

Saint-Tropez, 1964

Kirchliche Trauung in Oberndorf/Kitzbühel, 1964

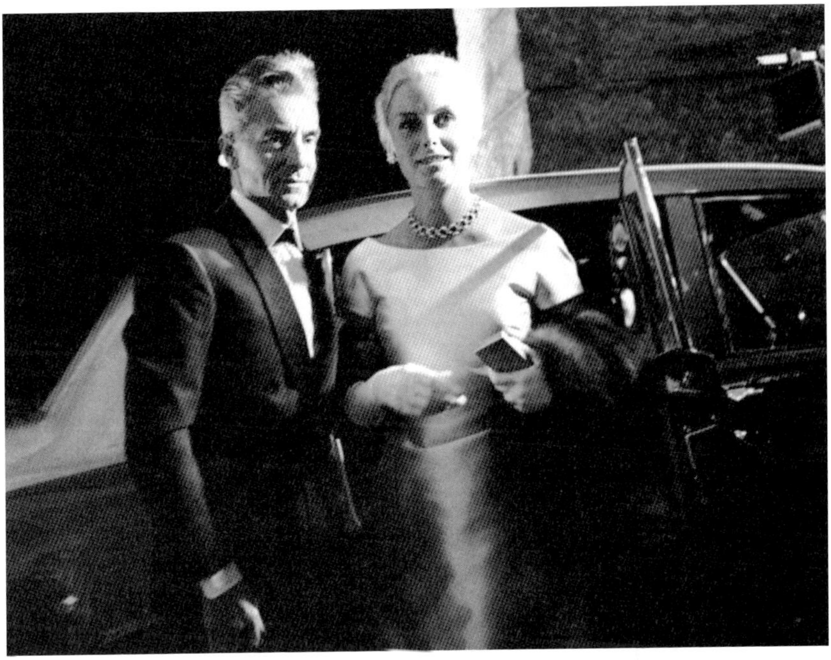

© ullstein bild – Imagno

Festspieltage in Salzburg, 1965

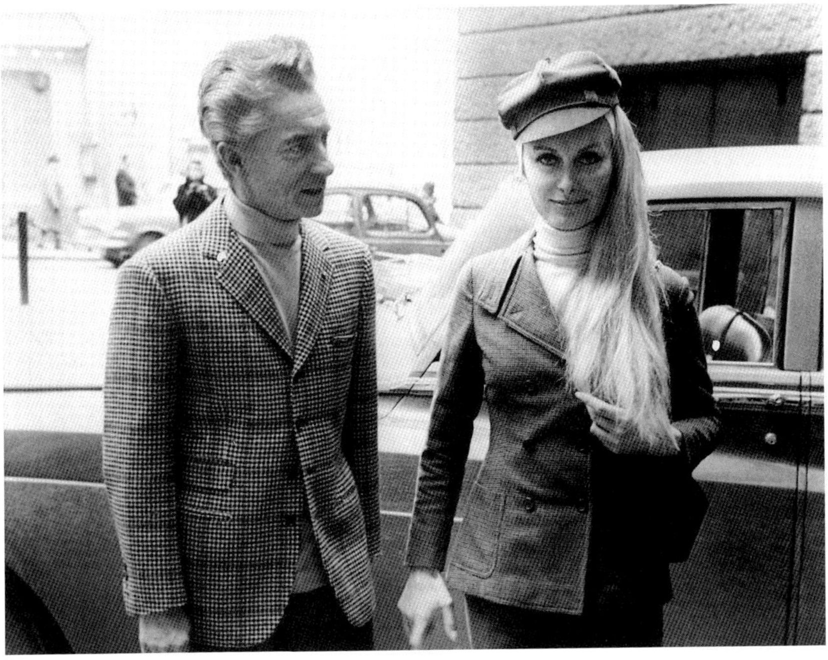

© ullstein bild – Heinz Köster

Vor dem Festspielhaus in Salzburg, 1968

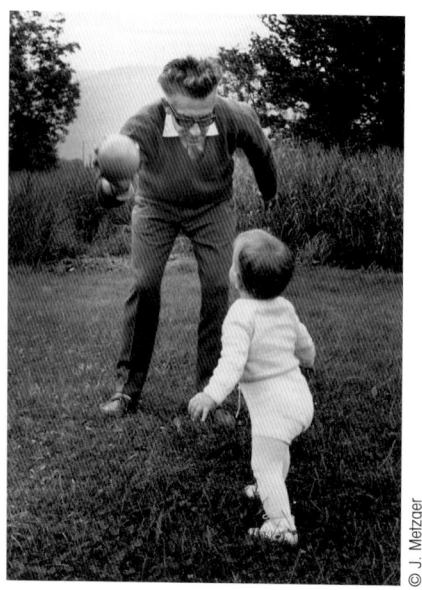

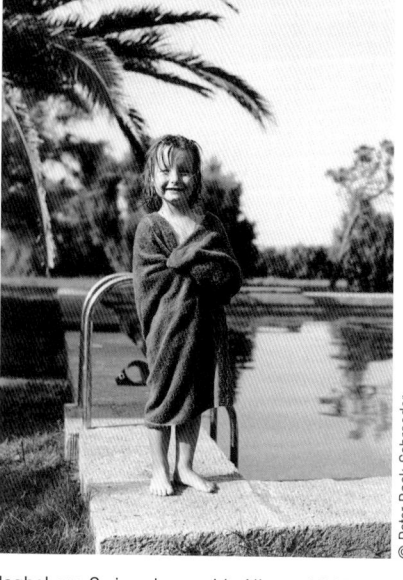

© J. Metzger

Mit Isabel, 1961

© Peter Bock-Schroeder

Isabel am Swimmingpool in Nizza, 1965

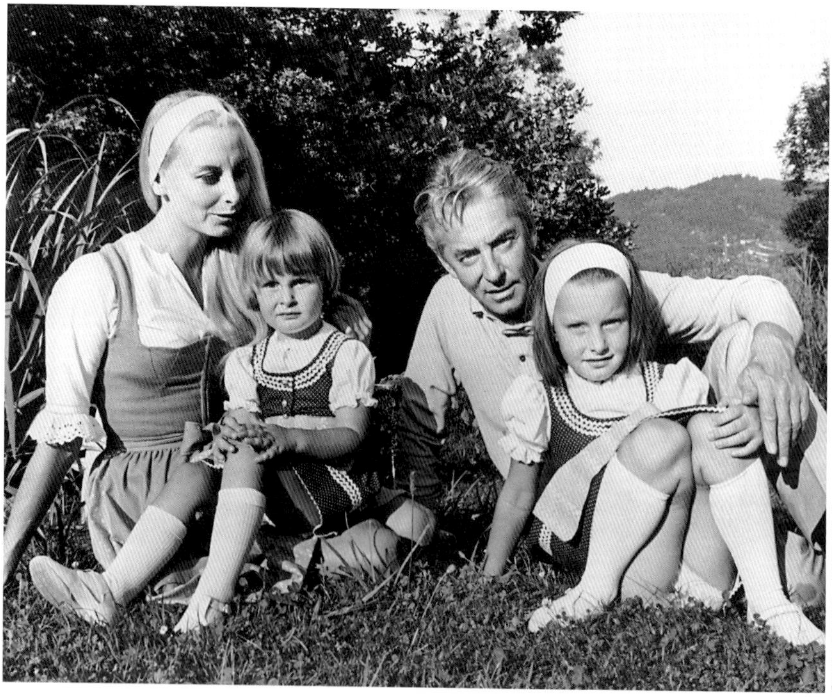

© ullstein bild – Heinz Köster

Mit Arabel (li) und Isabel, 1968

Mit Hund Treff in Mauerbach

Beim Schlittenfahren in St. Moritz

Auf der Segelyacht in Saint-Tropez, 1964

Saint-Tropez, 1969

Frau seines Herzens kümmern. Am liebsten hätte er mich in Watte gepackt, und so flog ich statt mit ihm nach Osaka am gleichen Tag nach Paris.

Die Tournee ging also ohne mich weiter; wann immer möglich, versuchten wir wenigstens am Telefon ein paar Worte zu wechseln, was wegen des Zeitunterschieds sehr kompliziert war; ich strich jeden Tag der Tournee im Kalender ab, bis er endlich wieder bei mir sein würde.

In Cleveland, so erzählte mir Herbert später, gaben die Wiener ihr bestes Konzert. Das Cleveland Orchestra, eines der fünf großen klassischen Symphonieorchester der USA, besaß schon damals Weltruf, und die Wiener fühlten sich wohl herausgefordert, ihre Klasse unter Beweis zu stellen, insbesondere wohl auch deshalb, weil deren Chef George Szell dem Kollegen aus Europa und dem Orchester persönlich seine Aufwartung machte. Mein Mann war von der Darbietung seines Teams so beeindruckt, dass er am Bühnenausgang der Severance Hall wartete, um sich bei jedem Musiker einzeln per Handschlag zu bedanken. Er musste nicht viele Worte verlieren: Alle wussten, welch großartige Leistung sie an diesem Abend gemeinsam vollbracht hatten.

Ein außergewöhnliches Konzert stand noch an: die Aufführung von Bruckners 8. *Symphonie* in der legendären Carnegie Hall in New York – mit derselben Symphonie sollte sich Herbert dreißig Jahre später von seinem amerikanischen Publikum verabschieden. Dann hieß es noch ein letztes Mal packen, am 23. November wurde in Montreal die Tournee mit Beethovens *Fünfter* beendet. Und am 25. November gab es das langersehnte Wiedersehen mit mir in Wien.

Nebenbei beimerkt: Schon damals landeten die Maschinen aus Übersee in aller Herrgottsfrühe. Trotzdem wäre es keine Sekunde in Frage gekommen, dass jemand anderes als ich meinen Mann abholt – Übelkeit hin oder her. Erstaunt und erfreut stellte ich dann fest, dass noch jemand keine Mühe gescheut hatte, die Musiker herzlichst zu begrüßen: Der österreichische Bundeskanzler Julius Raab stand in der Ankunftshalle in Schwechat und überließ mir nach einem herzlichen »Willkommen« meinen Mann.

»An der schönen blauen Donau«

Als Herbert mit seinen »Wienern« aus Amerika zurück nach Hause kam, wohnten wir auf der Hohen Warte, einer Anhöhe im 19. Wiener Gemeindebezirk Döbling zwischen Heiligenstadt und Unterdöbling. Es ist eine gutbürgerliche Gegend mit Villen aus dem 19. Jahrhundert, in denen einst Musiker, Maler und Komponisten lebten. Bekannt ist die Hohe Warte vor allem als Sitz der Zentralanstalt für Meteorologie und Geodynamik – was Herbert mit seinem ausgeprägten Interesse an Technik sofort für die Gegend einnahm – sowie als der ehemalige Wohnsitz der vier österreichischen Bundespräsidenten Franz Jonas, Kurt Waldheim, Rudolf Kirchschläger und Thomas Klestil.

Wir mieteten 1959 zwei Stockwerke in einer der Villen; unsere höflichen, aber distanzierten Nachbarn waren bei der Eingewöhnung keine große Hilfe für mich. Karajan, das war ein Name mit Klang, er war der weltberühmte Dirigent; seiner jungen, unbekannten, für die meisten auch unbedeutenden Ehefrau hingegen begegnete man zunächst mit abwartender Kühle, manche auch mit kaum verhüllter Hochnäsigkeit. Doch ich ließ mich nicht einschüchtern und konzentrierte mich darauf, für uns ein gemütliches Zuhause zu schaffen und mich allmählich an die Wiener Sitten und Gebräuche – wozu bei jeder Begrüßung in besseren Kreisen der Handkuss gehörte, oft allerdings nicht gehaucht, sondern auf die Hand geschmatzt, und das galt besonders für die alten Herren im Musikverein – zu gewöhnen.

Herbert dagegen sprühte vor Elan und Energie, und er überraschte die Bundestheaterverwaltung gleich mit einer brillanten Idee: Die Mailänder Scala und die Wiener Staatsoper sollten künftig ihre besten Produktionen untereinander austauschen, wodurch die Scala sich deutsch gesungene Produktionen sicherte, während Wien zu erstklassig besetzten italienischen Aufführungen kam. Die entsprechende Übereinkunft zwischen Wien und Mailand kam schnell und unkompliziert zustande. Eine weitere Vereinbarung sah eine enge Kooperation zwischen den Salzburger Festspielen und der Wiener Staatsoper vor, wonach die Produktionen der im Sommer stattfindenden Festspiele im Herbst desselben Jahres nach Wien gebracht werden sollten. Es war ein genialer Schachzug meines Mannes: Die enormen Kosten, die eine eigene Produktion verursachte, könnte man so nahezu halbieren; gleichzeitig kämen alle Spielorte in den Genuss internationaler Spitzenproduktionen. Die Vorstände der verschiedenen Häuser waren schnell überzeugt, und für Herbert wurde die Umsetzung dieser weitsichtigen Strategie zu einem persönlichen Triumph.

Obwohl ich Herbert so gut wie möglich zur Seite stand, gab es ein weiteres, wichtiges Ereignis, das meine volle Aufmerksamkeit verlangte: In wenigen Wochen sollte unser erstes Kind auf die Welt kommen. Die bevorstehende Geburt wollte ich gut vorbereiten, ich machte ausgedehnte Spaziergänge, hielt mich oft an der frischen

Luft auf und erzählte – wie wohl jede werdende Mutter – diesem kleinen Wesen in meinem Bauch alles, was es an Schönem und Gutem in unserem Heim erwarten würde. Herbert war genauso aufgeregt wie ich; seine beiden vorangegangenen Ehen waren kinderlos geblieben, und nun stand ihm eine Premiere der etwas anderen Art bevor. Für damalige Verhältnisse war es keineswegs üblich, dass werdende Väter bei der Geburt dabei sein konnten, aber für Herbert stand es außer Frage, dass er mich begleiten würde. Und zwar bis in den Kreißsaal, bis unser erstes Kind den erlösenden Schrei getan und damit dokumentiert hatte: Hallo, hier bin ich! Ob es ein Mädchen oder ein Bub werden würde, war uns nicht so wichtig, davon ließen wir uns gern überraschen. »Hauptsache, das Kind ist gesund«, lautete unsere Devise.

Am 25. Juni 1960 setzten die Wehen ein, und dann ging alles rasend schnell. Nur wenige Autominuten von der Hohen Warte entfernt liegt das Rudolfiner-Haus, ein privat geführtes Belegspital mit einer ausgezeichneten Geburtsabteilung. Es war eine ausgesprochen leichte Geburt, am frühen Nachmittag erblickte unser Samstagsmädchen das Licht der Welt und wurde von seinem strahlenden Sonntagsvater – Herbert hatte es am 5. April gerade noch auf den schönsten Tag der Woche geschafft – in Empfang genommen.

Ich werde oft gefragt, wer die Namen für unsere Kinder ausgesucht hat; alle möglichen Spekulationen wurden dazu schon angestellt – ob beispielsweise Mascagnis Isabeau den Anstoß für Isabel gab, oder ob Arabel eine Ableitung von Arabesque sei. Es ist ganz einfach, Herbert überließ mir die Entscheidung: Isabel ist nach

dem berühmten Hotel Regina Isabella auf Ischia benannt – traumhaft in Lacco Ameno gelegen, mit imposanten Bergen und duftenden Pinienhainen im Hintergrund.
In dieser Oase, in der viele internationale Stars wie Char-
lie Chaplin, Maria Callas sowie Liz Taylor und Richard
Burton ihre Ruhe und Erholung suchten, trafen wir uns
oft mit Elisabeth Schwarzkopf und Walter Legge. Arabel
ist meine Reverenz an Richard Strauss' herrlich kapri-
ziöse Oper *Arabella*, obwohl diese nie Eingang in Herberts Repertoire fand.

Die Taufe unseres Glückskindes fand am 14. August
während der Salzburger Festspiele in der kleinen Kapelle unserer Freunde Veronika und Herbert Kloiber in
Oberndorf statt, dem Ort, an dem wir vier Jahre später
vor Gott unsere Liebe bekräftigen würden. Die Wiener
Philharmoniker hatten sich eine besondere Überra-
schung ausgedacht: Während des Taufgottesdienstes
spielten Mitglieder des Orchesters einige Passagen aus
dem *Klarinettenquintett* von Mozart; anschließend rührte
Elisabeth Schwarzkopf mit dem *Ave Maria* von Bach-
Gounod die Gäste zu Tränen. Herbert hatte sich diese
Version gewünscht; die ergreifende Vertonung von
Charles Gounod, der seine Melodie über die Musik zum
1. Präludium aus dem *Wohltemperierten Klavier* von Johann Sebastian Bach komponierte, weshalb das Werk als
»*Ave Maria* von Bach-Gounod« in die Musikgeschichte
einging, war für meinen Mann eine der besten Umset-
zungen dieses zutiefst religiösen Textes. Der Höhepunkt
der Feier bestand darin, dass das gesamte Orchester die
Patenschaft für unsere Tochter übernahm; im Namen der
Wiener Philharmoniker trug sich deren Vorstand Otto

Strasser in das Taufregister ein. Isabel dürfte somit das erste Mädchen der Welt mit hundertfünfzehn Patenonkeln gewesen sein …

Unsere zweite Tochter Arabel kam im Spital Oberengadin von Samedan bei St. Moritz zur Welt. Dieses Mal hatte Herbert frühzeitig den Kontakt zu einer Atemspezialistin hergestellt, die er durch seine Arbeit mit den Sängern kannte; sie lehrte mich Entspannungstechniken und übte das bewusste Ein- und Ausatmen mit mir, damit ich durch richtiges Atmen das Baby bei seinem Weg auf die Welt unterstützen konnte. Die Wehen setzten etwa fünfundvierzig Minuten vor Mitternacht am Neujahrstag 1964 ein. Wir hofften, dass das Kind am ersten Tag des neuen Jahres geboren werde, sozusagen als ein Zeichen für ein weiteres glückliches Jahr. Wie schon bei der Geburt von Isabel raste Herbert mit mir in die Klinik, diesmal vom Palace-Hotel in St. Moritz aus, wo wir die Weihnachtsfeiertage verbracht hatten. Obwohl ich mir alle Mühe gab und presste, so stark ich nur konnte, ließ sich Arabel nicht antreiben und kam erst fünf Minuten nach Mitternacht zur Welt. Herbert zog alle Register seines beträchtlichen Charmes und bat den Schweizer Arzt, trotzdem den 1. Januar als Geburtstermin einzutragen, aber der Doktor ließ sich nicht erweichen und schüttelte nur den Kopf. So präzise wie ihre Uhren können nur die Schweizer Ärzte sein. Auch Arabel erhielt eine musikalische Großfamilie als Paten, diesmal waren es die Berliner Philharmoniker, und der 1. Konzertmeister Michel Schwalbé interpretierte im Beisein des Orchestervorstands Werner Thärichen das *Ave Maria* für unseren neugeborenen Sonnenschein.

Sicher fragen Sie sich, wie ein so vielbeschäftigter Mann wie Herbert überhaupt mit Leib und Seele Vater sein konnte. Nun, einfach war es nicht, denn bereits einen Monat nach Isabels Geburt riefen ihn große Ereignisse nach Salzburg: Am 26. Juli 1960 wurde das auf seine Anregung vom österreichischen Stararchitekten Clemens Holzmeister gebaute Große Festspielhaus, das sich an den Felsen des Mönchsbergs geradezu heranzuschmiegen scheint, mit einem fulminanten *Rosenkavalier* eröffnet. Sena Jurinac glänzte in der Titelrolle, Lisa della Casa brillierte als Marschallin, Hilde Güden gab eine hinreißende Sophie und Otto Edelmann begeisterte als Baron Ochs auf Lerchenau. Einige Kritiker mokierten sich über die gigantische Bühne, doch die ausgefeilte Technik überzeugte letztlich selbst die ewigen Meckerer: Alles war auf dem letzten Stand, Herbert hatte zu allen technischen Neuerungen wesentlich beigetragen; der Saal besaß eine derart phänomenale Akustik, dass selbst in den letzten Reihen auf dem Rang das leiseste Hauchen eines Tones glasklar zu verstehen war. Für Aufregung über die Grenzen Österreichs hinaus sorgte auch Herberts Veto gegenüber dem ORF, der die Fernsehübertragung für sich beanspruchte. Stattdessen hatte mein Mann ein britisches Filmteam und den in London lebenden ungarischen Regisseur Paul Czinner mit der Aufzeichnung beauftragt; dank Czinner, der mit seiner spektakulären *Don-Giovanni*-Verfilmung von 1955 Geschichte schrieb, kam Herberts Salzburger *Rosenkavalier* zwei Jahre später in die internationalen Kinos und sorgte für Furore.

104 Und die Familie? Jede freie Minute verbrachte Herbert

mit mir und Isabel, er ging nie zu Bett, ohne noch einige Minuten an ihrem Bettchen zu sitzen und das selig schlafende Baby zu betrachten. Sonntags pflegten wir unsere »heiligen Stunden«; nach dem Frühstück hatte er nur Augen für Isabel, hielt sie in den Armen, summte ihr ab und zu Melodien vor, gab ihr die Mittagsflasche und brachte sie zu Bett. Mit der Geburt von Arabel wiederholten sich diese berührenden Momente. Herbert war kein Mann der großen Worte, wer jedoch in seinen Augen zu lesen verstand, konnte sehen, was in ihm vorging. Er war ein fürsorglicher, liebender Vater, der es uns und unseren Mädchen an nichts fehlen ließ. Isabel wie später auch Arabel waren sein Ein und Alles. Mit größtem Vergnügen las er ihnen Geschichten vor, ging mit ihnen spazieren und lehrte sie sehr früh, ausdauernd zu schwimmen. Über Musik sprach er eher zurückhaltend, er wollte ihnen ermöglichen, diesbezüglich eigene Vorlieben zu entwickeln. Herbert bestand allerdings darauf, dass Isabel und Arabel Klavierunterricht bekamen, denn – so seine Ansicht – eine rechtzeitige Förderung erlaubt es, im späteren Leben die Freude am Musizieren zu bewahren. Isabel erbte seine Leidenschaft fürs Segeln – sehr zu meinem Leidwesen, da ich mich stets ängstigte, wenn sie auf hoher See unterwegs waren. Oft haben mich die drei aufgezogen und mich eine »typische Glucke« genannt, aber ich bin überzeugt, jede Mutter versteht meine Sorgen, wenn sich Mann und Kinder in rasender Geschwindigkeit einen Skihang hinunterstürzen oder mit einem schnellen Auto über Pässe jagen.

Von Herbert haben Isabel und Arabel ihre künstlerischen Neigungen, Isabel absolvierte die Schauspielausbildung bei Jean Laurent Cochet in Paris und wurde eine gefragte Schauspielerin. In den achtziger Jahren war sie am Hamburger Thaliatheater engagiert und wirkte in vielbeachteten Aufführungen von Jürgen Flimm *(Peer Gynt)*, Jürgen Gosch *(Sommernachtstraum)* und Thomas Langhoff *(Marquis von Keith)* mit; mein Gatte, immer sehr streng mit sich selbst und seinen Musikern, was die Qualität betraf, war so berührt von Isabels Darstellung, dass ihm die Tränen in die Augen stiegen. Auf Herberts Anregung hin machte Arabel eine profunde Ausbildung zur Kapellmeisterin in Boston; sie gründete bereits während dieser Zeit die Punkpoprockgruppe »Arabel Karajan + The Please Shut Up Band« – Sie sehen, wie verschieden die Vorlieben in einem Musikerhaushalt sein können – und tourt seither erfolgreich durch Amerika und Europa. Als meinen Beitrag an diesen zauberhaften Töchtern, auf die ich sehr stolz bin, würde ich vor allem ihr Temperament, ihren Freiheitsdrang und ihre Energie bezeichnen, mit der sie ihre Ziele verfolgen.

Mit einem Kind ändert sich das Leben eines jeden Paares, und auch Herbert und ich beschlossen, uns ein eigenes Heim zu schaffen, die Zeit der Mietwohnungen war nun endgültig vorbei. Unser erstes gemeinsames Haus fanden wir in Mauerbach, einem kleinen Ort im Westen von Wien. Herbert entdeckte den ehemaligen Bauernhof mit viel Land, der jahrelang einer Schauspielerin als Liebesnest diente. Wir Franzosen kennen diese heimlichen Refugien der Liebe als »parc aux cerfs«, in Anlehnung an den Hirschpark, den Madame de Pompadour ihrem Geliebten König Ludwig XV. eingerichtet hatte: Um den König zu unterhalten, musste die Pompadour sich täglich etwas Neues einfallen lassen. Sie fuhr mit ihm von einem Schloss zum anderen, sorgte für seine Zerstreuung und erzählte ihm bei Schlaflosigkeit spannende Geschichten. Als ihre Kräfte erlahmten, führte sie den König in den besagten Hirschpark zu versteckten Dépendancen, wo junge Mädchen ihn als angeblich reichen Edelmann erwarteten. Das traf auf unser neues Grundstück nicht ganz zu, doch auf die große Rasenfläche mit altem Baumbestand verirrten sich ab und zu Hirsche aus dem nahe gelegenen Wiener Wald, und an diesem zauberhaften Platz entstand unsere erste private »Farm der Tiere«, bestehend aus Eseln, Lamas, Ponys und Katzen, die wir einige Jahre später nach Anif mitnahmen.

Wenn ich Herbert zu Proben oder Konzerten begleitete, schaute unser Kindermädchen nach Isabel und Arabel. Ansonsten waren wir eine ganz normale Familie, wie Tausende andere auf der ganzen Welt. Als die Kinder noch ganz klein waren, blieb ich untertags oft zu Hause; es machte mich glücklich, mit den Mädchen zusammen zu sein, ich liebte es, ihnen vorzulesen oder Geschichten für sie zu erfinden. Von einem meiner erfundenen Märchen konnten sie nicht genug bekommen, und das ging so: Ein wunderschöner Schmetterling fliegt auf ein kleines Boot; dort genießt der Falter die Sonne und lässt es sich richtig gut gehen; plötzlich taucht ein großes Boot auf und erschreckt den kleinen Naseweis, der sich viel zu weit von seiner Mutter entfernt hat. Wie sich schließlich der Kleine rettet, das überlasse ich Ihrer Fantasie …

Meinen Deutsch-Unterricht hatte ich weiterhin fleißig besucht und machte stetig Fortschritte; zwar hört man auch heute noch einen französischen Akzent, aber ich

verstehe alles, selbst nur regional verwendete Spezial-
ausdrücke. Ich erwähnte es bereits, aber es war mir sehr
wichtig, mit Herbert – der selbst sehr sprachbegabt war –
in seiner Muttersprache zu kommunizieren. Mein Mann
hatte die Angewohnheit, mit jedem Künstler in seiner
Sprache zu sprechen; stammte ein Sänger aus Italien,
diskutierte Herbert mit ihm auf Italienisch, kam ein Hor-
nist wie Dennis Brain aus England, fand die Konversation
auf Englisch statt. Mit unseren Kindern sprach Herbert
deutsch und ich mehrheitlich französisch, es war uns von
Anfang an wichtig, dass sie mehrsprachig aufwachsen.
Unser Haus lag völlig abgeschieden, weit und breit gab
es keine Nachbarn, ins Zentrum von Mauerbach war man
ein paar Minuten unterwegs. Oft kamen Sängerinnen
und Sänger zu uns »aufs Land« – wie sie es scherzhaft
nannten, um mit Herbert an unserem Flügel in dieser ruhigen, privaten Atmosphäre ihren Part zu erarbeiten.
Auch wenn unter ihnen Jahrhundertstimmen wie Christa
Ludwig, Gundula Janowitz, Leontyne Price oder Franco
Corelli, Ettore Bastianini und Hans Hotter waren, beim
Einsingen und Vokalisieren machte ich mich lieber aus
dem Staub und ging mit den Kindern spazieren.

Das Idyll hatte aber auch seine Schattenseiten: Unser
Anwesen lag so isoliert, dass es Voyeure geradezu he-
rausforderte, auf einen der Bäume zu klettern, um von
dort aus die junge Frau des Operndirektors zu beobachten. Doch damit nicht genug! Ich bekam auch des Öfteren
anonyme Briefe, in denen minutiös aufgelistet wurde,
was ich wo und wie in unserem Garten, ja, sogar in meinem Zimmer gemacht hatte. Es blieb uns irgendwann
nichts anderes übrig, als für eine Weile Polizeischutz an-

zufordern, damit Herbert nicht vor Sorge um seine Familie verging. Zum Glück gelang es der regelmäßig vorbeifahrenden Polizeistreife, die Unruhestifter zu vertreiben.

Enge Freunde kamen gern in unser Mauerbach-Idyll, und von einem will ich hier erzählen, den unsere Tochter Isabel besonders ins Herz geschlossen hatte. An einem 6. Dezember Anfang der sechziger Jahre klopfte der Nikolaus an unsere Tür. Fasziniert starrte Isabel diesen Mann mit weißem Rauschebart in seiner langen roten Kutte und mit einer auffallend tiefen Stimme an. Mit seinen blauen Augen fixierte er unsere Tochter und sagte: »Isabel, du warst ein braves Kind und sollst dafür auch belohnt werden.« Aus seinem großen Sack fischte er diverse Leckereien, strich ihr liebevoll über den Kopf und stapfte wieder hinaus in die Dunkelheit. Kurze Zeit später klingelte es erneut an unserer Tür. Und wer stand davor? Curd Jürgens, der weltberühmte Schauspieler, dem die Rolle des Nikolaus für unsere Isabel wie auf den Leib geschneidert war …

Mit Curd und seiner Frau Simone verband mich eine enge Beziehung, wir kannten uns bereits aus den gemeinsamen Tagen, in denen Simone und eine weitere Freundin – Odile Rodin – gemeinsam für Christian Dior arbeiteten. Und wir blieben auch über die Jahre hinweg in Kontakt; wir alle hatten Männer geheiratet, die auf ihre Art in der Öffentlichkeit standen: Ich den Dirigenten, Simone Bicheron den Schauspieler, Odile Rodin den bekanntesten Playboy jener Zeit, Porfirio Rubirosa Ariza. Es waren aufregende Monate, wir waren jung und unbeschwert, tanzten gern und trafen uns am liebsten in den angesagtesten Pariser Nachtclubs wie Chez Regine und

Chez Castel. Das änderte sich allerdings schlagartig, als Herbert in mein Leben trat.

Und ich vermisste diese wilden Zeiten keinen Moment, denn ich wurde eine begeisterte Mutter, mit Leidenschaft die Ehefrau eines wunderbaren Mannes, eine ausgezeichnete und enthusiastische Hobbygärtnerin – und, ich gestehe, eine miserable Köchin. Obwohl uns Franzosen die Haute Cuisine im Blut liegt, bezieht sich das für meinen Teil lediglich auf die Ebene des Genießens. Und deshalb schweigt der Autorin Höflichkeit lieber über die verschiedenen Versuche, Mann und Kinder zu bekochen.

Wie alles hatte auch Mauerbach seine Zeit, und im Juni 1964 wurde immer deutlicher, dass die Ära Karajan an der Wiener Staatsoper zu Ende ging. Es ist so unendlich viel darüber geschrieben worden, und davon so unendlich viel Falsches, dass ich mich nicht auch noch zu all den Missverständnissen, Intrigen und Verleumdungen äußern möchte. Nur so viel: Als Künstlerischer Leiter der Wiener Staatsoper hat mein Mann insgesamt zweihundertvierunddreißig Aufführungen am bedeutendsten Musiktheater seiner Zeit geleitet, im Schnitt waren das neunundzwanzig jedes Jahr. Darunter fielen zum ersten Mal in deutscher Sprache Ildebrando Pizzettis *Mord in der Kathedrale* (1960) und Monteverdis *Krönung der Poppea* in freier Neufassung für die Wiener Staatsoper von Erich Kraak (1963). Insgesamt betreute Herbert dreiundzwanzig Neuinszenierungen und eine Ballett-Erstaufführung.

Die nackten Zahlen können die musikalischen Sternstunden, die Höhepunkte und Triumphe, wie die Stunden der Zweifel und Sorgen, die damit verbunden waren, nicht einmal ansatzweise vermitteln. Der Opernalltag besteht eben nicht nur aus Highlights, sondern birgt viele Probleme, von denen das Publikum – Gott sei Dank – nur selten überhaupt etwas erfährt. Das musikalische Wien, eine Hochburg individualistischer Mimosen, ist nur ein Beispiel dafür, wie viel Arbeit es kostet, diese komplizierten Charaktere unter einen Hut zu bringen: Mal wurde über den Einsatz eines italienischen Souffleurs gemurrt, ein anderes Mal gab es Ärger mit dem Betriebsrat, dann wieder überschritten gewisse Gagenforderungen alle Grenzen des Anstands, aber alle diese Probleme ließen sich dank Herberts Verhandlungsgeschick meistern. In der Saison 1963/64 eskalierten allerdings die Auseinandersetzungen mit Dr. Egon Hilbert, einem seiner engsten Mitarbeiter. Das war inakzeptabel, und mein Mann zog die Konsequenzen: Er beschloss, sich unwiderruflich von der Wiener Oper zurückzuziehen. Die Wiener Opernfreunde wollten das nicht einfach hinnehmen: Als sich herumsprach, dass die letzten Vorstellungen unter seiner Leitung unmittelbar bevorstanden, demonstrierten sie nach jeder Aufführung spontan inner- und außerhalb des Opernhauses. Doch mein Mann ließ sich nicht erweichen: Nach den letzten beiden Aufführungen von *Frau ohne Schatten* kehrte er der Wiener Oper für dreizehn Jahre den Rücken.

Für Herbert und mich war gleichzeitig klar, dass mit seinem Abgang von Wien auch unsere Zeit in Mauerbach abgelaufen war. Von da an sind wir nur noch sehr selten in unser erstes »Nest« zurückgekehrt. Den letzten Besuch habe ich noch in bester Erinnerung, es war das 111 erste und letzte Mal, dass »unser Mauerbach« auf einer Plattenhülle verewigt wurde. An jenem frostig kalten Januartag im Jahre 1984 nahm mein Mann mit Anne-Sophie Mutter und den Streichern der Wiener Philharmoniker Antonio Vivaldis *Vier Jahreszeiten* auf. Die Plattenfirma EMI hatte den geschiedenen Ehemann von Prinzessin Margaret, Lord Tony Snowdon – ein begnadeter Fotograf –, dafür gewonnen, die Fotos für die Hülle zu schießen. Seine Lordschaft bestand darauf, die beiden Hauptakteure Anne-Sophie Mutter und Herbert ungeachtet ihrer Proteste im Freien zu fotografieren. Die zitternde junge Geigerin wagte es nicht, dem Edelmann einen Korb zu geben, was Herbert auf den Plan rief. Ganz Gentleman, wie er nun einmal einer war, streifte er seinen roten Kaschmirpullover ab und drapierte ihn um die Schultern seiner Lieblingsviolinistin. Snowdon, ein cleverer und ausgefuchster Hund, erkannte in dieser Geste augenblicklich das besondere Motiv: Auf der Vorderseite der Plattenhülle ist Anne-Sophie Mutter mit dem Pullover abgebildet, auf der Rückseite steht mein Mann zwischen den Bäumen und trägt denselben Pullover.

Ach ja: Lord Tony Snowdon, Mitglied der britischen Königsfamilie, war während dieser Aufnahmen unser Hausgast – im Gegensatz zu seinem Verhalten auf freiem Feld ein sehr angenehmer.

Auf denn zum Feste

»Es gibt Direktoren, die pflegen sich und nicht die Oper. Und es gibt Direktoren, die pflegen die Oper und nicht sich.« Diese Behauptung von Gustav Mahler sollte Herbert außer Kraft setzen: Er pflegte die Oper und er pflegte sich. Denn: Mein Mann stand vor einem neuen Lebensabschnitt, der unsere ganze bisherige Existenz von Grund auf verändern würde.

»Jetzt ist die Zeit gekommen, mir meinen großen Traum zu erfüllen«, sagte Herbert eines Tages zu mir. Er glühte geradezu vor Begeisterung: »Ich werde in Salzburg ein eigenes Festival gründen, bei dem ich allein für alles verantwortlich bin: für das Programm, das Orchester, die Opern, die Inszenierung, die Musik, den Ton, das Licht – wirklich für alles.« Seine Grundidee war, wie alle guten Ideen, einfach und überzeugend: Die Programmgestaltung und die administrative Abwicklung würden eine Handschrift tragen; statt eines aufgeblähten Apparates würde er den ganzen Betrieb mit einem kleinen, effizienten Mitarbeiterstab auch kommerziell zum Erfolg führen. Und er wollte der Welt beweisen, dass es nicht nur Bayreuth und Wagner, sondern auch Salzburg und Karajan gibt. In ihm steckte ein genialer Marketingstratege: Sich seines Wertes durchaus bewusst, setzte er für sich zwei

Schwerpunkte: Wer von nun an eine seiner Opernauf-
führungen hören wollte, musste zu Ostern oder im Sommer nach Salzburg kommen.

Mir wurde augenblicklich klar, was die Verwirklichung
seines Traums für mich und die Kinder bedeutete: nach
Salzburg umzuziehen. Dabei verstand ich Herbert aus
tiefstem Herzen: Zwar war er zu jenem Zeitpunkt noch
Chefdirigent des London Philharmonia Orchestra, Chefdirigent der Berliner Philharmoniker, Künstlerischer
Leiter der Gesellschaft der Wiener Musikfreunde, der
Salzburger Festspiele und der Wiener Staatsoper sowie
ständiger Gastdirigent der Scala di Milano, aber überall
hatten andere – wenn es ernst wurde – ein Wörtchen mit-
zureden. Wie oft hat mein Mann darüber geklagt, dass
sich in musikalischen Belangen völlig unfähige Politiker
einmischen, Beamte ihm mit ausuferndem bürokrati-
schem Ballast das Leben schwermachen oder er Opern
unter schwierigsten Bedingungen inszenieren muss. Er
hatte genug davon und wollte sich aus dem engen Kor-
sett, das andere um ihn schnürten, befreien. Proben sollten so oft und lange angesetzt werden können, wie er für
notwendig erachtete; er wollte genau die Bühnenbilder
realisiert sehen, die er im Kopf hatte. In Wien waren seine
Visionen nicht durchzusetzen, die »Apparatschiks« saßen
am längeren Hebel. Trotzdem war Herbert bei seinem
Abschied zu Scherzen aufgelegt: Gustav Mahler, Richard
Strauss oder Karl Böhm hatten versucht, sich in Wien zu
behaupten, und gingen im Zorn. »Ich hielt es immerhin
zwanzig Tage länger als Mahler aus«, schmunzelte er.

Ob heute Mailand, morgen Wien, Berlin oder London,
ob Auslandstourneen mit seinen »Berlinern« oder jedes

Jahr etwa zwanzig Schallplattenaufnahmen – er verlangte sich alles ab, erledigte ein nahezu übermenschliches Pensum. Das Arbeitsvolumen würde sich auch an einem festen Spielort nicht verringern, aber da zukünftig die Gesamtverantwortung in seinen eigenen Händen liegen würde, war er weiterhin bereit, alles zu geben. Zum Glück verfügte Herbert über eine schier unerschöpfliche Kondition und ein ausgeprägtes Talent, jede Minute effizient zu nutzen. Tournee- oder Programm-Planungskonferenzen hielt er beispielsweise gern bei Zwischenlandungen auf Flughäfen ab; seine Uhr trug er mit dem Zifferblatt nach innen, was ihm – ohne den Gesprächspartner durch Starren auf die Uhr zu irritieren – erlaubte, jedes Meeting im für ihn stimmigen Zeitrahmen zu halten. Ähnlich organisiert lief es auch in Berlin: Herbert wusste auf die Minute genau, wann er sein Konzert beenden musste, um den Nachtzug nach Wien – 22.40 Uhr, Bahnhof Zoo, Gleis 7 – rechtzeitig zu erreichen. Während im Saal noch heftig applaudiert wurde, saß mein Mann bereits in seinem Abteil …

Ganz konnte Herbert sich den gesellschaftlichen und bürokratischen Zwängen natürlich nicht entziehen, aber er wollte sie auf dem Höhepunkt seiner Schaffenskraft auf ein Minimum reduzieren. Das konnte er nur in einer Stadt verwirklichen, in der er sich wohlfühlte und die – alles entscheidend – ein besonderes Flair für die Belange der klassischen Musik besaß und ihn großzügig unterstützte. Deshalb fiel seine Wahl auf seine Geburtsstadt Salzburg, die kleine Metropole an der Salzach und Geburtsort eines seiner Lieblingskomponisten, Wolfgang Amadeus Mozart.

Als Herbert hier am Sonntag, den 5. April 1908, das
Licht der Welt erblickte, wurde Österreich-Ungarn von
Kaiser Franz Joseph I. regiert, in Russland herrschte Zar
Nikolaus II., im Deutschen Kaiserreich war Wilhelm II. an
der Macht. Wirtschaftlich wie kulturell war es eine spannende Epoche: Melitta Bentz erfand den Kaffeefilter,
in Detroit lief das erste Ford-Modell T vom Band, das Unternehmen Maggi lancierte den ersten Brühwürfel und
Frauen durften in Parteien und Gewerkschaften eintre-
ten. Auch musikalisch tat sich einiges: Gustav Mahler
wurde in Herberts Geburtsjahr Dirigent der Metropoli-
tan Opera in New York, Franz Lehárs Operette *Der Mann
mit den drei Frauen* und *Der tapfere Soldat* von Oscar
Straus wurden im Theater an der Wien uraufgeführt. Im
gleichen Jahr kamen Simone de Beauvoir, Rex Harrison
und Oskar Schindler auf die Welt, gar am selben Tag die
unvergessliche Schauspielerin Bette Davis. Merkwürdig:
Herbert wie Bette wurden am 5. April 1908 geboren, beide
besaßen diese unglaublich ausdrucksstarken Augen,
über die so viel geschrieben wurde, und beide schlossen
diese Augen 1989 für immer.

Herberts Vater Ernst war Primar der Chirurgie im St.-
Johann-Spital und bereits siebenundvierzig Jahre alt, als
er sich in die dreizehn Jahre jüngere slawische Schönheit
Martha Kosmac aus Graz verliebte und sie im September
1905 heiratete; Sohn Wolfgang wurde am 21. Juli 1906
geboren.

Aufgewachsen sind Wolfgang und Herbert in einem
großbürgerlichen Einfamilienhaus aus dem 19. Jahrhundert. Die Musik wurde beiden Buben in die Wiege gelegt,
der engagierte Chirurg Ernst von Karajan besaß zwei Flü-

gel und ein umfangreiches Notenarchiv, er spielte leidenschaftlich Klarinette und war Mitglied des Salzburger Mozarteum-Orchesters. Oft wurde Ernst von Karajan mitten aus einer Probe zu einer schwierigen Operation abberufen, doch er bestand jeweils darauf, dass das Orchester nicht nach Hause gehen dürfe, sondern auf ihn warten solle – was manchmal bis weit nach Mitternacht dauern konnte. Bereits als Vierjähriger erhielt Herbert auf eigenen Wunsch Klavierunterricht, als Elfjähriger spielte er am 27. Januar 1917 bei der Feier zu Mozarts Geburtstag dessen *d-Moll-Fantasie* – auswendig! Trotz des stürmischen Applauses prophezeite sein Lehrer Bernhard Paumgartner nach der Aufführung: »Herbert, du wirst kein Klavierspieler, du wirst Dirigent!« Paumgartner, eine wichtige Bezugsperson für Herbert in den Jugendjahren, hatte dessen herausragende Begabung früh erkannt und hielt nie damit hinter dem Berg – obwohl Herbert damals unbedingt Pianist werden wollte. Wie recht Paumgartner hatte, zeigte sich schließlich ja mehr als deutlich.

Seine musikalischen Interessen förderte auch Herberts Mutter, die ihn vergötterte und ihn schon als Knaben in die Oper mitnahm. »Wenn ich auch vieles nicht verstand, der Gefühlswert der Dinge war mir schon damals ganz klar«, erinnerte er sich einmal und bezog sich dabei auf die Lieblingsoper seiner Mutter: Wagners *Walküre*. Fünfzig Jahre später eröffnete er die ersten Osterfestspiele in Salzburg als kleine Verneigung vor seiner Mutter mit der *Walküre*.

Zur Sommerfrische fuhr Familie von Karajan regelmäßig in die »Villa Karajan« in Grundlsee, einem zauberhaften Ort in der Steiermark, damals etwa zwei Auto-

117

stunden von Salzburg entfernt. Herbert und Wolfgang lernten im gleichnamigen See schwimmen, wanderten ausgiebig mit dem Vater über die Almen und freuten sich darüber, ihn weder mit Patienten noch mit seinen Musikerkollegen vom Mozarteum teilen zu müssen.

Leider habe ich meine Schwiegereltern nicht mehr kennengelernt; Vater Ernst starb bereits am 11. Oktober 1951 in Leukerbad in der Schweiz, wo er zu einer Kur weilte. Herberts geliebte Mutter Martha starb 73-jährig, am 14. Februar 1954, in Salzburg.

Herberts Bruder Wolfgang hingegen kannte ich recht gut; der an der Technischen Hochschule in Wien ausgebildete Elektrotechniker war ein engagierter Wissenschaftler und Tüftler sowie ein begabter Organist. Mit seiner Frau und einem Freund reiste er in den fünfziger und sechziger Jahren mit einem riesigen Lkw, in dem er seine Orgel, zerlegt in drei Orgelpositive, unterbrachte, durch ganz Amerika und führte dort an vielen Orten unter dem Namen »Ensemble Karajan« Bachs *Kunst der Fuge* auf. Darüber hinaus schrieb er vielbeachtete Fachartikel über orgelbautechnische Themen.

Ein eigenes Festival, lautete also Herberts Devise! Neun Tage lang würden eine Oper – mit erstklassiger Besetzung und einer noch nie gesehenen Inszenierung – sowie drei aufsehenerregende Konzertprogramme je zweimal dargeboten. Die enormen Kosten insbesondere der Opernproduktion würden sich durch zwei Aufführungen nahezu halbieren, ein weitaus größeres Publikum käme in den Genuss der großen Stars und nicht zuletzt würde sich Salzburg einen festen Platz innerhalb der bedeutenden Klassikfestivals erobern – Musik in

den Ohren der Magistraten, die dem international verehrten Sohn ihrer Stadt Tür und Tor für seine Pläne öffneten.

Bedingung für Herbert war, dass er für ein solch an-
spruchsvolles Vorhaben ein Festspielhaus mit entspre-
chender Ausstattung zur Verfügung hatte, denn: »Große
Oper heißt großes Haus«, hatte er es einmal kurz und
bündig auf den Punkt gebracht. Und nun kam ihm der
Zufall zu Hilfe; er wusste, dass er das Große Festspielhaus zu Ostern nicht nur für die Aufführungen, sondern
auch für die Proben in Beschlag nehmen konnte – was
mit paradiesischen Zuständen gleichzusetzen war, denn
er konnte unter »realen Verhältnissen« proben, proben
und nochmals proben. Niemand würde um 17.00 Uhr
»Feierabend« rufen, Herbert konnte ohne jegliche Beschränkung mit den Lichtmeistern und dem damaligen
Bühnenbildner Günther Schneider-Siemssen experi-
mentieren, Ablauf um Ablauf ändern, verbessern und
daran feilen, bis sie seinen hohen Ansprüchen genügten.

Wie durchdacht sein Konzept war, zeigt auch folgende
Strategie, die sich mein Mann ausdachte: Mit der Deutschen Grammophon und später der EMI hatte er verein-
bart, die jeweils aufzuführende Oper bereits ein halbes
Jahr vorher in Berlin oder Wien im Studio einzuspielen.
Die Konsequenz: Mein Mann konnte sich in Salzburg mit
seinen Sängerinnen und Sängern fast ausschließlich auf
die Regiearbeit konzentrieren; die Musik wie der komplette Gesangspart wurden auf den Proben via Kassetten-
rekorder zugespielt, die Sänger konnten ihre kostbare
Stimme schonen und sich ganz auf die Bewegungsab-
läufe konzentrieren. Das hatte es zuvor noch nie gegeben,

119

es war die ideale Methode, um die darstellerischen Fähigkeiten der Künstler zu perfektionieren. Viele verfügten zwar über göttliche Stimmen, aber ihre schauspielerische Begabung ließ doch oft genug zu wünschen übrig. Herbert legte auf das glaubwürdige Ausfüllen einer Rolle großen Wert, es genügte ihm keineswegs, dass ein Tenor mit Inbrunst Arien schmettern konnte und problemlos das dreigestrichene C beherrschte; von Spitzenkünstlern verlangte er, dass sie sich der Rolle entsprechend bewegten, die Emotionen auch in Gestik und Mimik lebendig zum Ausdruck brachten. Diese Vorgehensweise erwies sich für Dirigent wie Sänger als ausgesprochen vorausschauend, und sie war nicht zuletzt aus wirtschaftlicher Perspektive für alle ein lohnendes Geschäft: Bereits während der Festspiele gab es die entsprechenden Schallplattenaufnahmen der Opern zu kaufen, was die Gäste erfreute und ihnen erlaubte, einige »Sternstunden in Salzburg« als unvergessliche Erinnerung mit nach Hause zu nehmen.

Die Osterfestspiele – so zeigte sich rasch – entwickelten sich zur Lebensaufgabe meines Mannes. Für mich und unsere Töchter bedeutete das den endgültigen Abschied von Mauerbach und den Umzug nach Salzburg; bis wir ein eigenes Heim finden würden, bezogen wir Quartier in einer Villa im Süden der Stadt, die uns Grete Weidgasser, eine Freundin der Familie Karajan, ohne große Umstände sofort zur Verfügung stellte. »Tante Grete«, wie sie unsere Tochter Isabel nannte, war eine Seele von Mensch und stand mir von Anfang an sehr nahe, in ihrem gemütlichen Landhaus waren wir die ersten Festspielsommer sehr glücklich.

Herbert wäre aber nicht der Mann gewesen, den ich

kannte, wenn er sich »nur« mit einem Projekt genügend ausgelastet gefühlt hätte; bald tauchte neben dem Projekt Osterfestspiele das Thema Pfingstfestspiele auf – was hätte man an diesen drei Feiertagen auch anderes machen sollen, als großartige Musik aufzuführen? Damit war für mich das Signal gegeben, dass wir uns auf Dauer in Salzburg niederlassen würden und eine eigene Bleibe brauchten.

Die fanden wir in Anif, einem Dorf mit nicht einmal fünftausend Einwohnern vor den Toren von Salzburg. Herbert gelang es, ein fantastisch gelegenes Grundstück mit unverbaubarer Aussicht auf den Untersberg zu erwerben, auf dem wir ein typisches Bauernhaus im regionalen Stil nach seinen Plänen bauten.

Endlich waren wir eine rundum glückliche Familie – in einem schönen Haus, umgeben von herrlicher Natur –, fehlte nur noch unsere kleine Arche Noah, die bald von Mauerbach umsiedelte und sich am Ende mit einem Esel, einem Steinbock und drei Lamas in einen mittleren Zoo verwandelte. Und natürlich Treff, unser lieber Appenzeller, der uns auf unseren weiten Spaziergängen durch die Wälder und Felder rund um unser Anwesen begleitete.

Unsere Töchter gingen in Anif in den Kindergarten, dann in die erste Klasse; bis heute fühlen sich Isabel und Arabel hier wohl und treffen ihre Freunde von früher. Auch ich lebte mich rasch ein und baute mir meinen eigenen Kreis von Freundinnen und Freunden in Salzburg und Anif auf. Dazu gehörte auch die Verlegerin Aenne Burda, die mit ihrem Mann Dr. Franz Burda in unmittelbarer Nähe unseres Hauses eine Villa bewohnte. Mit Aenne war ich bis zu ihrem Tod im November 2005   121 befreundet; diese kluge und zugleich äußerst tüchtige Geschäftsfrau, die sich als lebenserfahrene, unternehmungslustige Grande Dame der Mode selbst in Russland durchsetzen konnte, habe ich sehr bewundert.

Wir pflegten ein offenes Haus in Anif, was Künstler wie Politiker sehr zu schätzen wussten. Sie kamen gern zu uns zu Besuch, und über die Jahre hinweg entwickelten sich Freundschaften, die bis heute andauern. Dazu gehört beispielsweise die Beziehung zu Helmut und Loki Schmidt; der damalige deutsche Bundeskanzler, der leidenschaftlich gern Klavier spielte und ein großer Bach-Kenner ist, teilte mit Herbert auch die Passion fürs Segeln.

Helmut Schmidt, der Grandseigneur der deutschen Politik, ist nicht nur enorm gebildet, äußerst kultiviert und galant, er besitzt auch einen ausgeprägten Sinn für Humor. Mit Herbert diskutierte er über Gott und die Welt, Musik und Religion, Philosophie und Hochfinanz – mir versuchte er eine seiner Leidenschaften näherzubringen, was ihm trotz seiner bekannten Durchsetzungskraft aber nicht wirklich gelang. Bei einem unserer gemütlichen Kaminabende zug er ein kleines Döschen mit Schnupftabak aus seiner Tasche und meinte: »Eliette, das musst du jetzt unbedingt probieren.« Machen wir es kurz: Das Ergebnis war katastrophal.

Zu den Osterfestspielen waren der Kanzler und seine First Lady ab und zu unsere Hausgäste in Anif. Einmal flog er mit der Kanzler-Maschine ein, während Salzburg im Schnee versank. Die weiße Pracht lag wirklich meterhoch, alles war eingeschneit, doch unbeeindruckt kämpften sich Helmut Schmidt und seine Frau Loki mit ihren Bodyguards zu uns durch.

Ab und zu schneite ein weiterer der ganz Großen bei uns herein: Leonard Bernstein, ein wahres Unikum, ein Ausbund an Kreativität, gesegnet mit einem nahezu unwiderstehlichen Charme und einem unvergleichlichen Maß an Eitelkeit. Einmal luden wir Bernstein zu uns nach Anif zum Mittagessen ein; er war regelmäßiger Gastdirigent der Wiener Philharmoniker und hielt sich daher gerade in Salzburg auf. Bernstein sagte zu und ließ sich von einem seiner unzähligen Helfer zu uns hinausfahren. Er klingelte, mein Mann öffnete unserem Gast persönlich die Tür – und erschrak: Bernstein war mit einem kompletten Film- und Fototeam erschienen. Herbert umarmte ihn, hieß ihn willkommen und machte unerbittlich kurzen Prozess: »So war das nicht ausgemacht! Essen ja, Filmen nein!« Der publicitygewohnte und, das darf man ungeniert behaupten, auch -süchtige Bernstein musste die ganze Mannschaft unverrichteter Dinge wieder wegschicken – was das fröhliche, entspannte Zusammentreffen nicht für einen Moment trübte.

Lassen Sie mich noch für einen Moment bei diesem außergewöhnlichen Menschen verweilen. Herbert und Leonard – der eigentlich Louis hieß, sich aber seit seinem sechzehnten Lebensjahr Leonard nannte – waren sich erstmals in den frühen fünfziger Jahren in Mailand begegnet. Es bestand eine starke Sympathie, die bis zu Herberts Tod andauerte, aber viele Höhen und Tiefen durchlief. Nie jedoch vergesse ich Leonards Geste, als er von Herberts Ableben erfuhr. Er unterbrach ein Konzert in Paris, verneigte sich stumm und bat dann das Publikum, für eine Minute aufzustehen und im Gedenken an seinen Kollegen schweigend zu verharren.

123

Szenenwechsel, Wien: Am 3. Oktober 1988 dirigierte Herbert im Rahmen einer dreitägigen Europatournee – Wien, Paris, London – mit den Berliner Philharmonikern Arnold Schönbergs *Verklärte Nacht* und Brahms' *Zweite Symphonie*. Die Konzerte in Paris und London waren gleichzeitig die letzten Vorstellungen meines Mannes in diesen beiden Metropolen. In Wien schaute Bernstein in der Pause rasch im Künstlerzimmer vorbei, die beiden älteren Herren plauderten über dies und das und jammerten sich gegenseitig die Ohren über ihre nachlassende Gesundheit voll. Dann geschah etwas Ungeheuerliches: Bernstein kniete sich vor Herbert hin und rief mit seiner rauchigen Stimme: »Ich bin begeistert, wie du diesen Schönberg dirigiert hast. Sagenhaft, was du da gezaubert hast. Ich muss die *Verklärte Nacht* auch wieder in mein Programm nehmen. Wie konnte ich das vergessen!«

Nach dem Konzert trafen wir uns auf einen Schlummertrunk, und ich glaubte meinen Ohren nicht zu trauen: Nach einem erneuten Lamento darüber, wie betagt sie beide doch schon seien und wie sorgfältig sie ihre Kräfte einteilen müssten, kam Bernstein zum wahren Grund seiner Ansprache – wie immer in einem Kauderwelsch aus Deutsch und Englisch: »Herbert, wie wäre es, wenn wir gemeinsam auf Tournee gehen würden? Wir könnten uns abwechseln – one for you, one for me, das wäre absolut ideal.«

Ohne mit der Wimper zu zucken, ließ Herbert seinen Kollegen weiter schwadronieren; Bernstein steigerte sich immer mehr in seine Idee hinein, prophezeite einen gigantischen finanziellen wie Publikumserfolg, malte aus, wie sich die besten Orchester der Welt darum reißen würden, mit ihnen beiden aufzutreten, und kündigte als Höhepunkt an, dass man gar das Abschlusskonzert aufteilen könne: »Den einen Teil übernimmst du, I get the other one.« Bis dahin hatte Herbert keine Miene verzogen, doch nun konterte er in seiner ironisch-sonoren Art: »Du meinst also, dass wir uns beim letzten Konzert den ganzen Abend lang darüber streiten, wer den ersten und wer den zweiten Teil dirigieren darf?!« Wir haben noch viel gelacht an diesem denkwürdigen Abend, und irgendwie gefällt mir auch heute noch die Idee von »Die zwei Dirigenten«, was durchaus eine frühe Variante von »Die drei Tenöre« hätte werden können.

Sagte ich gerade, Bernstein sei ein Unikum gewesen? Glauben Sie mir, er war noch viel mehr – eigentlich war er der Inbegriff des *enfant terrible*. Drei Monate nach Herberts Tod dirigierte er im Saal des Wiener Musikvereins im September 1989 zum Gedenken an meinen Mann die Wiener Philharmoniker mit dem langsamen Satz aus dem letzten Streichquartett von Beethoven. Kardinal König hielt eine tiefgründige und noch lange nachhallende Gedenkrede. Anschließend lud der amerikanische Botschafter Henry A. Grunwald zum Gala-Empfang in seine Residenz in Hietzing nahe Schönbrunn ein. Der Botschafter, als Sohn des Operettenlibrettisten Alfred Grünwald in Wien geboren, konnte vor den Nazis nach Amerika fliehen und machte dort Karriere als Chefredakteur des Nachrichtenmagazins *Time*, bevor er seinem Land als Diplomat zunächst in Frankreich, Marokko und schließlich in Wien diente.

Auch wenn mich die Musik an diesem stimmungsvollen Tag in so vielem an Herbert erinnerte, mir das Herz

125

schwer war vor Trauer, riss mich mein Tischherr Leonard aus meinem Schmerz: Dieser quirlige Amerikaner erschien in Steirer Tracht. Und er fackelte auch diesmal nicht lange: »Eliette! We should marry! Prima idea, nicht wahr? Come on, your Geld and my Geld – why don't we get married?!«

Do you have da noch Töne?

Von malenden Hoheiten, göttlichen Filmdiven und einem segelnden Bundeskanzler

Die Abenddämmerung hat alles um mich herum in dieses typisch südliche flirrende Licht getaucht; ich sitze am Schreibtisch in Herberts ehemaligem Zimmer in Saint-Tropez und genieße die Aussicht auf das Meer. Als wir das Anwesen in den sechziger Jahren kauften – ein weitläufiges Grundstück direkt am Wasser gelegen, mit einem Swimmingpool und einem separaten Gästetrakt –, haben wir an dem bestehenden Haus einige bauliche Veränderungen vorgenommen und unter anderem den Flachbau an einer Seite aufgestockt. So entstand Herberts »Turmzimmer« im ersten Stock, in das er sich gern zurückzog.

In diesem Refugium fand mein Mann die nötige Ruhe, um sich in Partituren zu versenken, seine Tourneen zu planen, zu meditieren, seine Yoga-Übungen zu machen, zu lesen. Alles war genau auf seine Bedürfnisse abgestimmt: Die Tür schloss schalldicht, ein Mini-Stereoturm, ein Fernseher, ein Videorekorder und ein großes Uher-Tonbandgerät erlaubten ihm, Musik auf allen Kanälen, in jeder Aufnahmetechnik und in beliebiger Lautstärke zu hören.

Obwohl Herbert nicht mehr da ist, atmet das Haus an allen Ecken und Enden seinen Geist; immer noch sehe

127

ich ihn in diesem Zimmer sitzen und nachdenken, oder wie er in seinem geliebten marineblauen America's-Cup-Hemd über die Terrasse ins Wohnzimmer stürmt, die eisgrauen Haare vom Wind zerzaust. Das Haus hat seinen Charme für mich behalten; hier kann ich so leben, wie es mir passt, mich im Garten entspannen und mich von Herberts Aura inspirieren lassen.

Meine Staffelei habe ich in einer Ecke seines Zimmers aufgebaut – wie auch in unserem Haus in Anif, wo ich im obersten Stock unter dem Dach ein großes Atelier habe. Leinwand und Ölfarben stehen bereit, damit ich mich jederzeit meiner ganz persönlichen Leidenschaft, dem Malen, widmen kann. Bis heute schenkt die Malerei mir viele Stunden des Glücks; wenn ich vor meiner Leinwand stehe und damit beschäftigt bin, den richtigen Farbton zu finden, bin ich rundum zufrieden. Schon als Schulmädchen liebte ich es, auf alle möglichen Unterlagen zu kritzeln. Und auch die Wochenenden, die ich als junge Frau häufig auf den Landsitzen und Schlössern meiner Freunde in England verbrachte, nutzte ich, um deren großartige Gemäldesammlungen zu betrachten. Meist handelte es sich um in Öl porträtierte Vorfahren der gastgebenden Herzöge oder Politiker, auch waren viele Jagdszenen darunter – in Good Old Britain nicht weiter erstaunlich – oder ausladende Darstellungen historischer Schlachten.

Offen gestanden: Die Impressionisten im Jeu de Paume waren mir wesentlich näher. Kaum ein Besuch in Paris verging, ohne dass ich kurz das Musée d'Orsay aufsuchte und ein paar Minuten vor Werken von Paul Cézanne – Balsam für meine Seele – verbrachte. Dieser Magier des

Salzburg, Anfang der siebziger Jahre

St. Moritz

Anif, 1983

Mit den Töchtern Isabel (hinten) und Arabel in St. Moritz

Der Wohnsitz in Anif, 1983

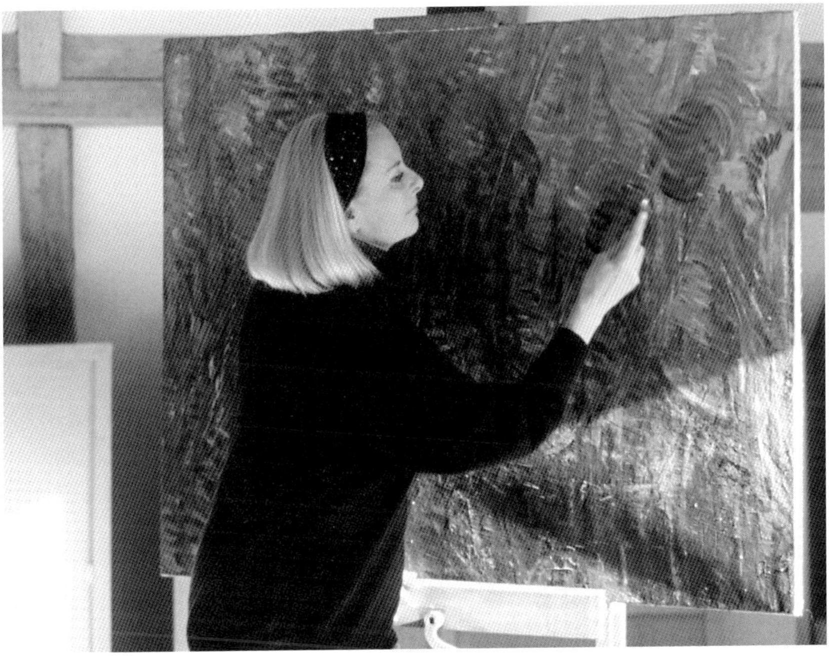

© Gabriela Brandenstein

Im Atelier in Anif

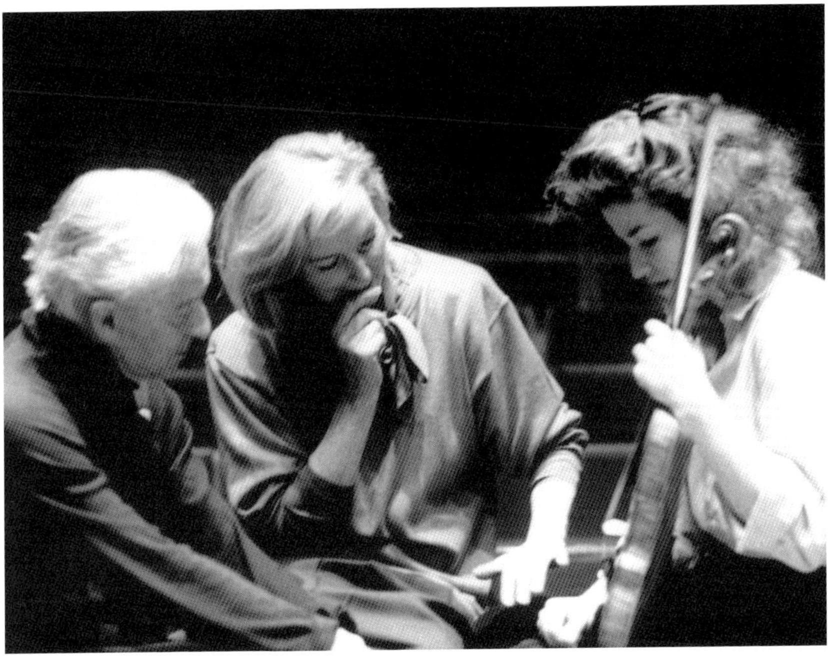

© Gustav Zimmermann

Mit der Violinistin Anne-Sophie Mutter in Berlin, 1977

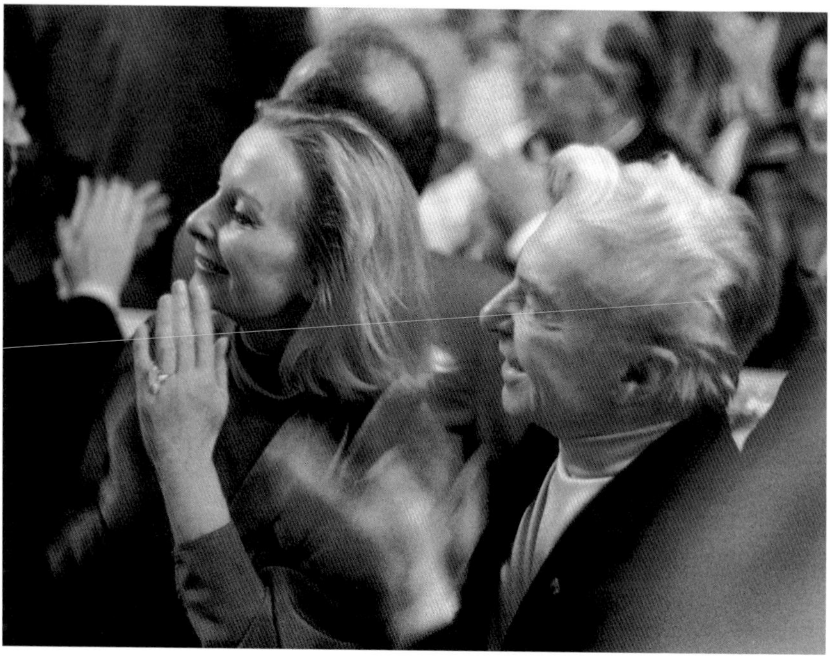

Premierenfeier in Salzburg, 1985

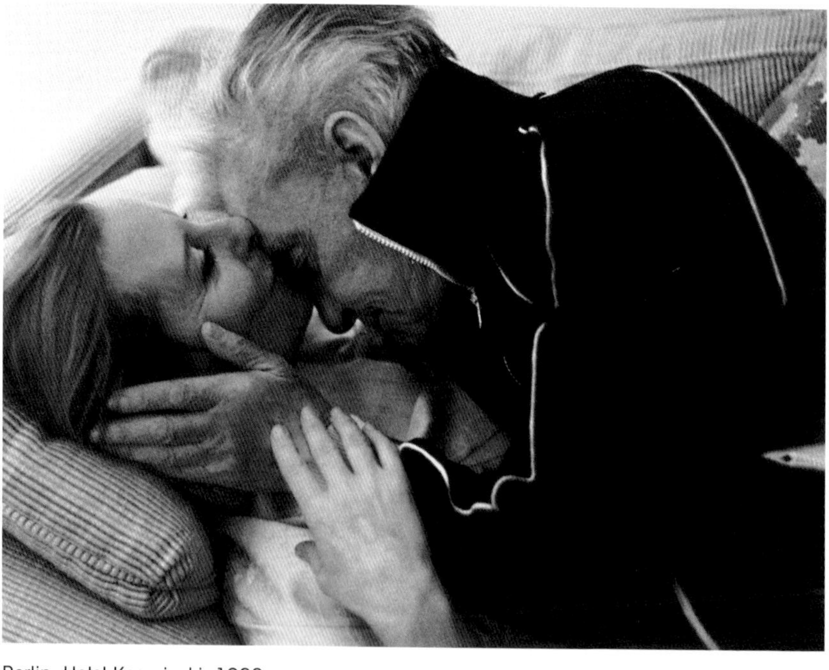

Berlin, Hotel Kempinski, 1988

In Anif, 1988

Im Park vor dem Palais Schwarzenberg, Wien, 1989

Eliette und Herbert von Karajan, 1989

Lichts und der Farbgebung, der Gegenstände regelrecht in Licht einhüllte, lebte bis zu seinem Tod in Aix-en-Provence, nur wenige Kilometer von meinem Geburtsort Mollans entfernt. Er zeigte in seinen eindrücklichen Werken die Welt, die ich kannte, die ich liebte, üppig und sinnlich, gebannt auf ein Stück Leinwand und doch so lebendig. Mit meinen Augen folgte ich diesem oder jenem Pinselstrich und verweilte schweigend vor diesem Meister und dem Mysterium seiner Kunst.

Die Malakademie, die ich neben der Arbeit in London besuchte, brachte mich nicht wirklich weiter. Zudem konnte ich nur sehr unregelmäßig an den Lektionen teilnehmen, da ich oft über Tage und Wochen hinweg ausgebucht und ständig unterwegs war; dennoch legte ich damals durch bewusstes Schauen den Grundstein, mich später mit dieser speziellen Kunstform intensiv auseinanderzusetzen. Herbert machte mir von Anfang an Mut; auf unseren vielen gemeinsamen Reisen lernte ich die interessantesten Museen der Welt kennen. Gemeinsam besuchten wir mehrmals den Louvre und die Kunstschätze im Prado. Herbert interessierte sich zwar für die zeitgenössische Malerei und er war ein großer Fan von Picasso, sein Herz aber schlug mehr für die antike griechische und römische Kunst; ganz besonders faszinierte ihn die Ikonenmalerei.

Später ging ich in Salzburg zusammen mit meinen beiden Töchtern in die »Schule des Sehens« von Oskar Kokoschka und bildete mich vor allem bei Besuchen in Künstlerateliers weiter. In Wien war es der berühmte Surrealist Ernst Fuchs, der über der Kärntnerstraße in einem herrlichen Jugendstilhaus arbeitete; er zeigte mir

129

freigiebig fertige, vor allem aber gerade begonnene Bilder und weihte mich in sein Vorgehen und seine Technik ein. In Düsseldorf war ich mehrfach Gast bei Jörg Immendorff, dem viel zu früh verstorbenen deutschen Malerfürsten, der 1994 für die Salzburger Festspiele die Bühnenbilder und Kostüme zu Igor Strawinskys *The Rake's Progress* entwarf, womit sich ein weiterer künstlerischer Kreis schloss und sich einmal mehr bestätigte, dass Kreativität alle Grenzen überwindet.

Fuchs wie Immendorff schätzten an mir, was auch mein Mann an mir so liebte: meinen Instinkt für das Echte und Unverfälschte. Das Kunstgeschehen interessiert mich nach wie vor sehr, auch der persönliche Kontakt und die Gespräche mit Künstlern wie dem jungen Briten Damien Hirst bedeuten mir viel. Auf ein Werk von ihm mit persönlicher Widmung, das er mir geschenkt hat, bin ich sehr stolz. Unsere Welt braucht die Kunst und die Künstler – das ist mir seit Herberts Tod immer mehr bewusst geworden. Deshalb habe ich 1994 den »Prix Eliette« und 2001 den »Eliette von Karajan Kulturfonds« ins Leben gerufen. Doch davon später mehr.

Will man ein Handwerk, eine künstlerische Technik ernsthaft erlernen, geht das nicht zwischen Tür und Angel; ein Kurs hier oder dort reicht bei weitem nicht aus, um wirklich in die Tiefe gehen zu können. Wegen der vielen Verpflichtungen als Ehefrau und Mutter habe ich meine eigenen Interessen stets hintangestellt; dass ich dann tatsächlich selbst begonnen habe zu malen, verdanke ich – indirekt – meinen beiden Töchtern. Mir war es wichtig, dass Isabel und Arabel etwas Künstlerisches erlernen konnten, das ihnen allein gehört, und ich entschloss mich, ihnen Malunterricht geben zu lassen. Es waren zwei Überlegungen, die mich dabei leiteten: Einerseits halte ich eine rechtzeitige Förderung der Passion, der Leidenschaft, egal für was auch immer sich ein Kind interessiert, für enorm wichtig; andererseits wollte ich meinen Töchtern ermöglichen, was ich als Kind so schmerzlich vermisste: die liebevolle Unterstützung der eigenen Talente von kompetenter Seite. Einen lockeren Einstieg sollte jene schon erwähnte »Schule des Sehens« ermöglichen, doch einmal mehr kam es anders, als ich es mir vorgestellt hatte.

Zu jener Zeit wohnten wir in Anif, und ich lernte den in Salzburg wohnenden Maler Herbert Breiter kennen, einen vor Leben sprühenden Freigeist, der als Schüler des Malers, Radierers und Lithografen Max Pfeiffer Watenphul sein Handwerk von der Pike auf gelernt hat. Und wie es der Zufall so will: Breiter war befreundet mit dem ebenfalls in Salzburg lebenden Bühnenbildner Caspar Neher. Dieser wiederum – sehr geschätzt von meinem Mann – hatte bereits mit Herbert zusammengearbeitet; als Bühnenbildner und Regisseur hatte sich Neher vor allem durch seine Tätigkeit für und mit Bertolt Brecht einen ausgezeichneten Ruf erworben und 1948 für meinen Mann eine umjubelte Aufführung von Christoph Willibald Glucks *Orpheus und Eurydike* inszeniert.

Herbert, der Maler, gehörte zu den seltenen Menschen, die sich nie in den Vordergrund drängen; nicht ein einziges Mal in unserer langjährigen Freundschaft versuchte er, vom Nimbus Karajan zu profitieren, selbst das, was viele für selbstverständlich halten – günstig an Karten oder gar Freikarten durch den Maestro oder ein

Familienmitglied zu kommen –, versuchte er nie. Von Breiter lernte ich viel über Pinselführung und Farbgebung; behutsam erläuterte er mir die Technik der Radierung und des Aquarellierens, lehrte mich, Leinwände richtig zu präparieren. Und er gab mir einen wichtigen Rat mit auf den Weg: Ich müsse zunächst und vor allem lernen, meinen Augen, meiner Sicht, die Dinge wahrzunehmen, zu vertrauen, um sie in wirklich stimmige Kompositionen auf die Leinwand bannen zu können.

Glauben Sie mir, wenn es mehr als ein Zeitvertreib sein soll, dann besteht das Malen vor allem aus harter, disziplinierter und selbstkritischer Arbeit; hinzu kommen Phasen grenzenloser Verzweiflung, weil man glaubt, nie das erreichen zu können, was man sich vorgenommen hat. Eines Tages ereilte auch mich das Schicksal jedes ernsthaft bemühten Künstlers; das, was ich mir vorgenommen hatte, wollte partout nicht gelingen. Ich haderte dermaßen mit mir und meinen Talenten, dass ich Leinwand und Farben für immer wegschließen wollte. Einen letzten Versuch wollte ich mir noch gönnen; nicht gleich beim ersten Misslingen die Flinte ins Korn werfen, Eliette, beschwor ich mich selbst. Doch als auch daraus in meinen Augen nichts wurde, ging mein Temperament mit mir durch; ich riss das Fenster meines Ateliers auf und warf sämtliche Utensilien und halb fertiggestellten Bilder in hohem Bogen in den Garten. Wie ein wildgewordener Derwisch rannte ich hinunter und setzte die Leinwände in Brand. Angelockt durch meine wütenden Flüche erschienen Herbert und unser Butler Francesco auf dem Balkon. Entsetzt konstatierten sie, wie meine Arbeit der letzten Monate ein Opfer der Flammen wurde.

Es dauerte ein paar Stunden, bis ich mich so weit beruhigt hatte, dass ich mich ehrlich fragen konnte: War's das nun, Eliette, und aus der Traum? Oder musste ich mir klarwerden: Wenn du jetzt aufgibst, dann ist es endgültig vorbei mit der Malerei. Also halte durch und geh deinen Weg. Am Abend dieses denkwürdigen Tages gestand ich Herbert meine Verzweiflung; ich betrachtete mich als gescheitert. Zu meinem großen Erstaunen sah mein Mann das ganz anders und erinnerte mich daran, wie es ihm ganz zu Anfang ergangen war, als niemand, wirklich niemand diesem jungen Nachwuchsdirigenten eine Chance geben wollte. »Eliette, da muss man durch! Wenn nicht du an dich glaubst, warum sollte es dann ein anderer tun? Selbst dass ich von dem, was ich bisher von dir gesehen habe, sehr überzeugt bin, genügt nicht. Du selbst musst unbeirrbar an dich glauben, und dann wirst du deinen Weg finden.«

Diese nüchterne Einschätzung meines Mannes bestätigte auch unser Freund, der Maler und Bildhauer Antoni Clavé. Als ich ihn in Saint-Tropez anrief und ihn zu einem Abendessen bat, kam mir zunächst gar nicht in den Sinn, dass ich auch von ihm – einem der bekanntesten spanischen Maler und Bildhauer – lernen könnte. Ich wusste, dass Clavé ein enger Freund von Pablo Picasso war und er in Paris die Kostüme für die legendäre *Carmen*-Aufführung des Ballets de Paris unter Roland Petit entworfen hatte. Zum Glück ergab es sich an jenem Abend, dass sich zwischen uns ein so intensives Gespräch über Malerei entwickelte, dass er mich ganz selbstverständlich einlud, ihn zu besuchen.

Von Marc Chagall als Vorbild zu sprechen, wäre ver-

133

messen, weshalb ich hier nur meine große Verehrung für diesen unvergleichlichen Künstler ausdrücken möchte. Wann immer wir in Südfrankreich waren, ließ ich mir es nicht nehmen, ihn in Saint Paul de Vence zu besuchen. Die Güte und die tiefe Menschlichkeit, die Marc und seine Frau Walentina Brodsky ausstrahlten, umhüllten mich jeweils noch lange. Ein ganz anderes Kaliber war Vincent Roux, der ungekrönte König der Künstlerszene von St.-Tropez. Vincent liebte Partys und großzügige kulinarische Gelage mit manchmal bis zu hundertfünfzig Personen. Er war unglaublich großzügig, lustig und aufgeschlossen. Gleichzeitig besaß dieser Experte für die Malerei des 19. Jahrhunderts eine extrem sensible Seite und suchte wie ich den Ausgleich in der unberührten Natur. Nicht unerwähnt aus dem Kreise meiner südfranzösischen Künstlerfreunde darf Jean-Paul Monery bleiben, der derzeitige Leiter des Musée de l'Annonciade, eines der schönsten Kunstmuseen Frankreichs, untergebracht in einer ehemaligen Kapelle direkt am Hafen. Mit Hingabe organisiert er Sonderausstellungen und führt mit großer Fachkenntnis durch die permanente Sammlung, in der sich Meisterwerke von Paul Signac, Georges Seurat oder Henri Matisse befinden.

Über die Jahre hinweg habe ich unendlich viele Bilder fertiggestellt, ohne je damit an die Öffentlichkeit zu gehen, obwohl ich viele entsprechende Anfragen von Galeristen bekam. Doch eines Tages traten mein Mann und Pali Meller Marcovicz, der Chefdesigner der Deutschen Grammophon mit einer verrückten Idee an mich heran. 1982, anlässlich des hundertjährigen Bestehens der Berliner Philharmoniker, plante die Deutsche Grammophon eine fünfzig Schallplatten umfassende Edition mit Hunderten Meisterwerken der symphonischen Musik herauszugeben. Der musikalische Inhalt der Edition von Bach bis Strawinsky war rasch bestimmt, bezüglich der Verpackung herrschte jedoch allseits große Ratlosigkeit. Natürlich hätte man diese Edition mit fünfzig Hochglanzfotos von Herbert schmücken können, aber Hüllen mit seinem Konterfei kursierten allenthalben in üppigen Auflagen. Schließlich kamen Herbert und Pali auf den ihrer Ansicht nach grandiosen Gedanken, aus meinem Bilderfundus die passenden Werke auszuwählen.

Es fiel mir nicht ganz leicht, zuzustimmen. Überrascht Sie das etwa? Nun, die Malerei gehörte mir, nur mir. Ich wollte sie mit niemandem teilen, und ich hatte Angst, von Kunstkritikern in der Luft zerfetzt zu werden. Andererseits: Herbert hatte mich stets ermuntert, weil er an mich und meine Malerei glaubte. Zu seinem Biografen Ernst Haeussermann sagte er einmal: »In ihrem ganzen künstlerischen Denken und Fühlen ist sie ein Mensch, der zuerst vom Bild herkommt. Sie hat eine ungeheure Fantasie in ihrer Art, die Dinge zu sehen, und es war eigentlich nur eine Frage der Zeit, wann sie mit der Malerei beginnen musste. Zuerst hat sie ganz schüchtern angefangen, dann ist es zum Durchbruch gekommen. Für mich ist das ein riesiges Glück, denn sie musste natürlich auch einmal erfahren, wie es um das Hoch und Tief künstlerischen Schaffens bestellt ist. Man kann nicht erwarten, dass alles gelingt! Auch die tiefe Verzweiflung, wenn man selbst noch mit der Materie ringt, ist ganz natürlich. Ich konnte das so nachfühlen, weil ich noch nicht vergessen habe, wie es bei mir war, als ich einfach nicht imstande war, mich vor dem Orchester so auszudrücken, es so zum Klingen zu bringen, wie ich das eigentlich sagen wollte.«

Konnte ich ihm also diesen Wunsch abschlagen? Wohl kaum, und es gab noch einen weiteren Grund, ihm meine Bilder für diese Edition zu schenken: Es war ein Dank an meinen Mann, meine Möglichkeit, meinen großen Respekt vor seiner enormen Leistung auszudrücken.

Bleibt in diesem Zusammenhang nur noch zu ergänzen, dass diese Edition ein großer kommerzieller Erfolg war, der sich nach Anbruch des CD-Zeitalters wiederholte; zu Herberts achtzigstem Geburtstag 1988 wurden die hundert Meisterwerke im neuen Format in einer Box mit fünfundzwanzig Compact Discs erneut aufgelegt.

Während ich hier in Saint-Tropez diese Erinnerungen für Sie notiere, stehe ich immer wieder mal auf und suche den Blick hinaus aufs Meer, wie Herbert es oft tat. Die Landspitze in der Ferne ist klar zu erkennen, die Stelle, an der Herberts Segelyacht ankerte, ist leer. Hier verbringe ich jedes Jahr mindestens acht Wochen, meist vier im Juni und vier im September. Als ich mir neulich alte Fotografien von mir und Herbert in unserem Sommerparadies anschaute, dachte ich mit leiser Wehmut an die wunderbaren, unbeschwerten und glücklichen Zeiten zurück, die wir an der Côte d'Azur verbracht haben.

In den fünfziger Jahren besaß Herbert eine Vespa, auf der wir im Urlaub unsere Ausflüge unternahmen. Manchmal entführte er mich mit diesem wendigen Roller ins damals schönste Bistro der Küste, nur wenige Kilometer von Saint-Tropez entfernt in Richtung Ramatuelle, versteckt in einer einsamen Bucht gelegen. Von der Hauptstraße zweigte ein steiler Schotterweg ab, der direkt zur Küste führte. Herbert fuhr langsam und vorsichtig, mir zuliebe achtete er darauf, größere Steine geschickt zu umfahren. Noch eine letzte Kurve, und dann öffnete sich der atemberaubende Blick auf die Bucht und La belle Terrasse, diesen Zauberort für Verliebte. Hier spazierten Herbert und ich oft den Strand entlang, saßen eng aneinandergekuschelt vom Sonnenuntergang bis zum Mondaufgang im Sand, gestanden uns unsere Träume und Wünsche oder konnten genauso gut schweigend das Naturschauspiel genießen.

Inzwischen hat sich alles verändert; viele Autos parken vor einem großen Restaurant, das zu unserer Zeit nicht viel mehr als eine Hütte war. Die Bouillabaisse hingegen, die typisch südfranzösische Fischsuppe, wird immer noch über offenem Feuer gekocht. Und sie besteht bis heute aus Karkassen, Meeraal, Petersfisch, Seeteufel, Rotbarsch und Crevetten, die die Fischer jeden Morgen fangfrisch anliefern.

Saint-Tropez war für uns immer ein wichtiger Ort in unserem Leben. Herbert liebte das Klima, die Natur, unseren üppigen Blumengarten und genoss die Besuche unserer Freunde. Viele Menschen, die meinen Mann nie persönlich gekannt haben, waren überzeugt davon, dass Herbert ein ungeselliger Mann gewesen ist. Dem muss ich energisch widersprechen: Er war ein wunderbarer Gastgeber, allerdings nur für Menschen, die er wirklich mochte. Seine Distanziertheit, seine kühle Ausstrahlung war wie weggeblasen, wenn beispielsweise Romy Schneider ganz spontan zum Schwimmen kam. Die beiden alberten eine Weile herum, dann verzog er sich bis zum ge-

137

meinsamen Dinner in sein Turmzimmer, während Romy und ich unseren Pool benutzten. Für die quirlige, zugleich melancholische und melodramatische Romy war ich eine Vertraute, bei mir musste sie keinerlei Angst haben, dass auch nur eine Silbe unseres Gesprächs den Weg in fremde Ohren finden würde. Und so halte ich es bis heute, denn schweigen können gehört für mich unabdingbar zu einer wahren Freundschaft.

Eines Tages, Ende der sechziger Jahre, rief mich Greta Garbo an, einer der bis heute wohl geheimnisvollsten Stars der Filmgeschichte. Die Garbo besuchte wieder einmal enge Freunde in Saint-Tropez, die der Presse nie verraten haben, wann sie dort Ferien machte. Ihre beiden festen Wohnsitze New York und Klosters in der Schweiz waren unablässig von Paparazzi umlagert, die ein Foto der scheuen Diva ergattern wollten. Natürlich war dieser Besuch für mich eine Ehre, die »Göttliche« besaß ein großes Faible für klassische Musik und war völlig unprätentiös. Schnell entdeckten wir, dass wir eine Leidenschaft teilten: das Schwimmen. Und so verbrachten wir einen unvergesslichen, gemütlichen Nachmittag zusammen, drehten einige Runden in unserem Pool und unterhielten uns prächtig. Nach einem leichten Diner verabschiedete sich diese Filmikone fröhlich in dem Wissen, dass es nicht die einzige Begegnung zwischen uns bleiben würde.

Die Wochen mit Herbert und unseren Gästen in Saint-Tropez bedeuteten für mich immer eine ausgefeilte Planung, als Hausherrin fühlte ich mich dafür verantwortlich, dass sich unsere Freunde entspannen konnten. Alles war und ist bei uns freiwillig, jeder darf machen, was er will, schlafen bis in die Puppen oder schon in aller Herrgottsfrühe unterwegs sein – meine Hausangestellten wissen über alle Vorlieben Bescheid und sind entsprechend von mir instruiert. Nur auf eines lege ich bis heute großen Wert: Um 13.30 Uhr wird unter einer hohen Palme gemeinsam gegessen. Einmal am Tag möchte ich alle beieinander haben, spüren, dass es ihnen gut geht und sie sich wohlfühlen, danach geht jeder wieder seiner Wege. Daran hielt sich auch Herbert; wenn er nicht gerade zu einer Tagestour aufgebrochen war, legte er mit seiner Yacht rechtzeitig vor unserem Haus an und ruderte zum Steg. Er war auf die Sekunde pünktlich, und ich konnte meinen Salat servieren, den ich stets eigenhändig zubereite: mit einer speziellen Salz- und Pfeffermischung und einem Olivenöl aus der Provence, das ich in allen unseren Häusern immer bereithabe.

Für meinen leidenschaftlichen Skipper gab es nichts Schöneres, als mit seiner Yacht »Helisara« – eine Zusammensetzung aus den Anfangsbuchstaben der Vornamen unserer Familienmitglieder: »H« steht für Herbert, »el« für Eliette, »is« für Isabel und »ara« für Arabel – im Mittelmeer zu segeln. Mit vierundzwanzig Metern Länge, fünf Meter dreißig Breite, einem dreißig Meter hohen Mast, der achthundertdreißig Quadratmeter Tuch trug, und dreißig Tonnen Gewicht gehörte die »Helisara« zu den schnellsten ihrer Gattung. Herbert, der in jeder Sportart zu den Besten gehören wollte und keinen Wettkampf scheute, hat mit diesem »Maxi-Segler« und seiner Spitzen-Crew so manche Mittelmeer-Regatta gewonnen, unter anderem die »Giraglia«-Regatta oder die »Maxi Yacht World Championship« – die prestigeträchtigste Segeltrophäe für Großyachten weltweit. Einer der berühmtesten Segler und America's-Cup-Gewinner, Dennis Conner, hatte Herbert ausgebildet. Die Crew meines Mannes setzte sich aus Segelprofis aus der ganzen Welt zusammen; in diese verschworene Wettkampfgemeinschaft, die sich auf engstem Raum und unter extremen Bedingungen blind aufeinander verlassen konnte, hatte nur eine Frau Zutritt: Bei Regatten wurde die Besatzung von einundzwanzig Mann mit unserer segelbegeisterten Tochter Isabel aufgestockt. Auch an der alljährlichen Segelregatta von Saint-Tropez, die erstmals 1981 ausgetragen wurde, nahm mein Mann ab 1982 regelmäßig teil. Abends lud Herbert seine Crew gern ins Restaurant »A la Mole« ein; gab es etwas zu feiern oder zu besprechen, traf man sich anschließend noch im »Café des Arts« und saß dort bis tief in die Nacht hinein zusammen.

Ähnlich hielt es mein Mann mit den Männern, die seine Flugleidenschaft teilten; wann immer es die Zeit erlaubte, saß er mit den Technikern und Wartungsspezialisten seiner Maschinen zusammen. Begonnen hatte seine Leidenschaft für die Fliegerei bereits in jungen Jahren, seinen ersten Pilotenschein für Kleinflugzeuge hatte er bereits in den fünfziger Jahren im Tessin gemacht. Von Luzern aus, wo er regelmäßig für die Festwochen engagiert war, konnte er die idyllische Region am Lago Maggiore in wenigen Stunden erreichen; jede freie Minute nutzte er und eilte nach Ascona, wo sein Fluglehrer auf ihn wartete, um ihm den Knüppel des einmotorigen Übungsflugzeuges zu überlassen, bevor Herbert landen und starten, landen und starten musste. Keine Frage, dass Fliegen im eigenen Flugzeug erst das wahre Gefühl vom Schweben über den Wolken vermittelt, und so erwarb Herbert zunächst eine Cessna, damals das sicherste Privatflugzeug, der ganz schnell ein Lear Jet folgte. Ob die Maschinen nun kleiner oder größer waren – meine Flugangst nahm leider nicht ab. Damit befinde ich mich offenbar in guter Gesellschaft, denn jeder dritte Passagier leidet darunter, fürchtet den Ausfall der Elektronik, der Düsen, eine Notlandung oder einen Absturz. Herbert wiederholte zwar unablässig, dass das Fliegen die sicherste Fortbewegungsmethode überhaupt sei, und zitierte Statistik um Statistik, doch es half alles nichts.

Egal, wohin ihn seine beruflichen Verpflichtungen auch führten, konnte Herbert selbst fliegen, ließ er keine Gelegenheit verstreichen, mit der eigenen Maschine zu den Konzerten anzureisen. Was auch einmal schiefging. O je, falls ich Sie nun erschreckt habe, war das keineswegs meine Absicht; wir sind weder in einen schweren Sturm geraten noch abgestürzt oder notgelandet. Nein, Herbert hatte sich schlicht und einfach verflogen, und zwar gründlich: Wenn ich mich recht erinnere, sollte das Konzert mit den Berliner Philharmonikern in Stuttgart stattfinden, die natürlich brav mit dem Zug vorausgefahren waren und bereits in der Stadt am Neckar auf ihren Maestro warteten. Herbert, die Kinder und ich waren mit seinem Jet frühmorgens in Salzburg gestartet. Beim Ausstieg wurden wir weder wie sonst üblich von einem Chauffeur mit Wagen erwartet, noch konnte uns irgendjemand den Weg zur Liederhalle beschreiben – weil es nämlich in Karlsruhe, wo wir irrtümlich gelandet waren, gar keine gab. Im wahrsten Sinne des Wortes »flugs«

141

machte Herbert kehrt und brachte uns rechtzeitig zum Konzertbeginn nach Stuttgart, wo uns das Empfangskomitee in heller Aufregung erwartete.

Selbstverständlich übertrug sich Herberts Begeisterung für alles, was ihn schneller, höher und weiter brachte, auch auf die Fliegerei. Mit dem Einzug der großen Jets in die Aviatik ließ er sich in Simulationskanzeln auf den neuesten Stand trimmen; einmal gelang es ihm sogar in einer Simulationsanlage in Tokio, einen Jumbo trotz stürmischem Wetter sicher auf dem Flughafen Narita zu landen. Auf unseren vielen Flugreisen nahmen wir nicht nur unsere Kinder mit, sondern auch zwei Ersatzpiloten, die Kindermädchen und, wenn es möglich war, Freundinnen von Isabel und Arabel. Meist steuerte Herbert selbst, aber er ging nie ein Risiko ein; seine Familie und unsere Fluggäste pilotierte er sicher wie in einer Sänfte von Ort zu Ort. Andererseits war es Herbert ein Dorn im Auge, dass ich seine Leidenschaft für die Lüfte nicht teilte, obwohl er nichts unversucht gelassen hatte, mich mit den Freuden des Fliegens vertraut zu machen. Ob wir mit seiner ersten Cessna über die Alpen flogen und uns die majestätischen Viertausender zu Füßen lagen oder ob er mich später im Privatjet nach Rom, Paris oder London flog und mir diese herrlichen Städte aus der Vogelperspektive zeigte, meine Flugangst machte dem Vergnügen stets einen Strich durch die Rechnung. Bis ihm eines Tages das Naheliegendste einfiel: »Eliette, du kannst die Angst nur überwinden, wenn du selbst fliegen lernst.«

Können Sie sich vorstellen, welcher Schreck mir in die Glieder fuhr? Ich muss kreidebleich geworden sein, denn

Herbert legte seinen Arm um mich und meinte: »Vertrau mir, du wirst sehen, es klappt ganz bestimmt.«

Also dann, bis dahin hatte ich ihm in vielen Dingen vertraut und mich immer auf ihn verlassen können, deshalb wollte ich es wenigstens einmal versuchen. Und, ehrlich gesagt, ich wollte vor mir selbst auch nicht als Feigling dastehen. Und so begann ich in Salzburg Flugunterricht zu nehmen. Sobald schönes Wetter herrschte und sich der Himmel wolkenlos strahlend präsentierte, fuhr ich zum Flughafen. Zuerst büffelte ich die notwendigen Lektionen Theorie, dann durfte ich mich in ein Cockpit setzen. Dank meinem geduldigen Lehrer verlor ich allmählich die Angst, ja, ich freute mich sogar auf die Stunde der Wahrheit, sprich: Ich sollte zum ersten Mal allein landen. Um dieses Ereignis gebührend zu feiern, lud mein Mann unseren langjährigen Freund Baron Raffaelo de Banfield dazu ein, und zwar auf die beiden besten Plätze – direkt hinter der aufgeregten Pilotin und ihrem Fluglehrer. Raffaelo, Komponist und Musiker, hatte die Musik zur Oper *Una lettera d'amore di Lord Byron*, die auf Tennessee Williams' *Ein Liebesbrief von Lord Byron* basiert, geschrieben. Italiener durch und durch, war Raffaelo ein zutiefst gläubiger Mensch: Bevor ich den Motor anwarf, bekreuzigte er sich und betete halblaut. Der Start gegen den Wind gelang mir perfekt, ich steuerte Richtung Anif direkt auf den Untersberg zu, dann drehte ich gekonnt ab. Ein paar Schleifen über das herrliche Salzburger Land, dann hieß es nur noch sicher zu landen. Ich rutschte extra nervös auf meinem Cockpit-Sitz hin und her, schaute suchend nach links, dann nach rechts, wieder nach links. Herbert und der Baron reagierten hör-

143

bar unruhig, die Gebete von Raffaelo steigerten sich in Tempo und Intensität; lediglich mein Fluglehrer blieb die Ruhe selbst. Dann ließ ich die Nase des Flugzeugs langsam nach unten knicken, was Herbert und Raffaelo zischend ausatmen ließ. Doch sie hatten sich zu früh gefreut; ich blinzelte meinem Lehrer verschwörerisch zu und er verstand sofort. Kurz vor dem Aufsetzen zog ich die Maschine wieder steil nach oben. Meinem Mann brach der Schweiß aus, vom Baron hörte ich nur noch das »Ave Maria«. Als mein Fluglehrer Herbert zwei Tage später anrief und verkündete:»Madame von Karajan ist jetzt so weit, ihre erste Solostunde zu absolvieren«, geriet Herbert völlig aus dem Häuschen und flehte:»Bitte, bitte, fliegen Sie mit ihr. Ich will nicht, dass Eliette auch nur eine Sekunde allein fliegt!«

Those where the days, my friend – um es mit dem berühmten Lied von Gene Raskin zu sagen; und zum Abschluss meiner Erinnerungen aus Saint-Tropez erzähle ich Ihnen noch eine berührende Episode, die wir im Juli 1982 mit Helmut Schmidt erlebten. Wie schon so manches Mal, war er nach Saint-Tropez gekommen, um mit meinem Mann zu segeln. Als er sich von Herbert verabschiedete, meinte er in seinem berühmten, trockenen hanseatischen Ton:»Das ist das letzte Mal, dass ich als Bundeskanzler an Bord bin.« Tatsächlich: Am 1. Oktober wurde Helmut Kohl durch ein konstruktives Misstrauensvotum zu seinem Nachfolger gewählt

Notabene: Herberts Idee, Plattencover von Malern gestalten zu lassen, fand hochklassige Nachahmer. Anfang der neunziger Jahre veröffentlichte Sony Classical ein Paket mit Aufnahmen von Leonard Bernstein, deren Hüllen von einem Gestalter mit königlichem Blut, Prinz Charles, kreiert wurden. Während der Salzburger Festspiele 2003 begegnete ich Seiner Königlichen Hoheit und wir amüsierten uns fürstlich darüber, dass wir in diesem Fach sozusagen Kollegen sind ...

Großes Kino

Wenn Musik als universelle Sprache der Welt gilt und Bilder mehr sagen als tausend Worte, so darf man durchaus behaupten, dass die Verbindung von Musik und Film wohl das eindrücklichste visuelle und akustische Erlebnis darstellt, das kreative Menschen einem interessierten Publikum anzubieten haben. Fasziniert vom Medium Film, begann Herbert nach seinen Erfahrungen in Japan darüber nachzudenken, wie er diese einzigartige Kombination von Bild und Ton für sich und seine Ziele – klassische Musik auch außerhalb etablierter Konzertsäle einem möglichst großen Publikum zugänglich zu machen – nutzen konnte. Anlässlich seiner Welttournee mit den Wiener Philharmonikern 1959 waren ihm im Land der aufgehenden Sonne die vielen Zuhörer aufgefallen, die mit ihren Filmkameras alles aufnahmen, was sie vor die Linse bekommen konnten. Aber noch viel mehr war Herbert von der Tatsache beeindruckt, dass alle seine Konzerte im Fernsehen übertragen wurden und damit ein Millionenpublikum erreicht werden konnte.

Solche Zahlen und Erfolge kannte Herbert bisher nur in Bezug auf Schallplattenaufnahmen. Seit 1959 führte er die bereits 1938 begonnene Zusammenarbeit mit der Deutschen Grammophon Gesellschaft wieder fort. Von Dezember 1961 bis zum November des folgenden Jahres spielte er – nach einer ersten Version mit dem Philharmonia Orchestra – zum zweiten Mal die neun Symphonien von Beethoven ein, diesmal im neuen stereofonen Aufnahmeverfahren. Es sollte zu einem seiner größten geschäftlichen Erfolge werden. Allein von der 5. *Sinfonie* wurden bis 1977 über 1,2 Millionen Langspielplatten verkauft, was Herbert und dem Orchester die »Goldene Schallplatte« eintrug, eine im Bereich der klassischen Musik äußerst rare Auszeichnung. Und eine weitere Bestätigung für Herberts Idee, dass die Musik zu den Menschen kommen muss und nicht notgedrungen die Menschen zur Musik.

Herbert fühlte, dass es für ihn an der Zeit war, sich mit den Möglichkeiten von Kino und Fernsehen vertraut zu machen, denn die vielen technischen Errungenschaften ließen ihn erkennen, dass sich eine Revolution im Bereich der Kommunikation und Verbreitung jeglicher Art von Kunst und Kultur anbahnte. Als beispielsweise 1972 der erste Videorekorder auf den Markt kam, war Herbert einer der ersten Besitzer eines solchen Geräts; mein technikbesessener Ehemann wollte bei allen Geräten unbedingt die absolut neueste Version haben, am liebsten bereits jene, die noch in irgendwelchen Labors auf ihre Markttauglichkeit geprüft wurden. Das war eines der wenigen Interessengebiete, die wir definitiv nicht teilten: Mich interessiert technischer Schnickschnack bis heute nicht sonderlich, ich komme auch blendend ohne Computer und E-Mails aus. Es geht nichts über ein persönliches Visavis und falls das nicht möglich ist, spreche ich lieber mit den Menschen am Telefon, als ihnen eine »Strompost« zu übermitteln.

147

Bezüglich modernster Licht- und Bühneneffekte war Karajan wohl allen Dirigenten seiner Zeit um Jahre voraus; von Kameramännern und Tonexperten ließ er sich sehr früh in die Geheimnisse ihres Metiers einführen. Und ich darf mit Stolz daran erinnern, dass mein Mann bereits mehr als fünfzehn Jahre, bevor Stereoaufnahmen als Serienprodukte auf den Markt kamen, eine Pioniertat vollbrachte: Im Alter von fünfunddreißig Jahren experimentierte er mit zwei Tonbandgeräten und zwei Mikrofonen, während er die *8. Symphonie* von Bruckner einstudierte, und nahm drei dieser aus vier Sätzen bestehenden »Krone der Musik des 19. Jahrhunderts«, wie sie oft genannt wird, in seinem selbstgebastelten Stereoverfahren auf. Stunde um Stunde brachte Herbert in Tonstudios zu, um das ultimative Klang- und Hörergebnis auszutüfteln – das habe ich als Ehefrau oft leidvoll genug erfahren, wenngleich ich auch verstehen kann, dass er seine selbstgewählte Aufgabe, Musik zu vermitteln, ernster nahm als alles andere.

Herbert beschäftigte vor allem die Frage, wie sich die Errungenschaften der Technik auf die visuelle Darstellung von Musik übertragen ließen. Um einen gewissen optischen Eindruck zu bekommen, konnte und kann man selbstverständlich Partituren lesen, doch das bleibt in der Regel Menschen mit einem musikalischen Fachwissen vorbehalten. Die Berichte von Mozarts, Schuberts, Verdis oder Wagners Zeitgenossen und Kritikern erlauben zwar einen Eindruck von der Aufnahme der Werke beim damaligen Publikum, der aber bleibt auf die historischen Gegebenheiten, die herrschenden Seh- und Hörgewohnheiten beschränkt. Uns mag das im Zeitalter von

CD, DVD und Internet völlig selbstverständlich vorkommen, aber als mein Mann darüber nachdachte, wie die Wiedergabe von Aufführungen auch visuell für die Nachwelt dokumentiert werden könnte, gab es nur die Möglichkeit, einem Konzert persönlich beizuwohnen, es am Radio zu verfolgen oder, ab Mitte der fünfziger Jahre, nachdem die Schellack- von den Vinylplatten abgelöst worden waren, in erträglicher Qualität ab Plattenspieler zu hören. Und nun eröffnete sich mit dem Medium Film eine Chance, die es nicht zu verpassen galt, auch wenn sich Herberts Begeisterung dafür zunächst nur auf einen kleinen Kreis von Gleichgesinnten – musikaffine Regisseure wie Paul Czinner oder Henri-Georges Clouzot – übertrug. Es war eine gegenseitige Befruchtung: Diejenigen Cineasten, die ihr filmisches Können in neuen Genres ausprobieren wollten, waren aufgeschlossene Geister, denen die Qualität der Wochenschauen, in denen es ohnehin nur Ausschnitte in miserabler Tonqualität zu sehen gab, längst nicht mehr genügte; nun trafen sie in Herbert auf einen fortschrittlich denkenden Vertreter der elitärsten Kunstform überhaupt, der sich für ihr Handwerk interessierte und bereit war, ihnen die Welt der Musik zu eröffnen. Es sollte jedoch noch eine Weile dauern, bis es durch gemeinsame Freunde von uns und Clouzot 1964 in Paris zu einem ersten Treffen kam.

Denn an die filmische Umsetzung von Konzerten mit den Berlinern oder Wienern traute Herbert sich verständlicherweise nicht sofort heran. Opern boten stets reichlich etwas fürs Auge, die Bühnenbilder vermittelten meist üppige optische Erlebnisse, die Herbert mit seinen jeweiligen Regisseuren und dem Kreativteam entwickelte. 149

Doch wie sollte es gelingen, Millionen Menschen vor den Bildschirm zu bannen, wenn »hinter der Scheibe« lediglich Herren im Frack stumm vor ihren Instrumenten saßen und auf den Einsatz warteten? In dem virtuosen französischen Regisseur Henri-Georges Clouzot fand Herbert den kongenialen Partner, mit dem zusammen er diese Herausforderungen meistern würde. Clouzot, nur ein halbes Jahr älter als Herbert, sprach recht flüssig deutsch; in den dreißiger Jahren hatte er eine Zeitlang in Berlin gelebt und sich dort als Drehbuchautor und Regieassistent seine ersten Lorbeeren verdient. Schon bei ihrer ersten Begegnung hatten sich rasch die gemeinsamen Interessen an Musik und Technik offenbart, und so ergab sich schneller, als Herbert gehofft hatte, für ihn die wegweisende Gelegenheit, ins Filmgeschäft einzusteigen.

Clouzot gehörte damals zur führenden Riege der europäischen Regisseure; 1953 hatte sein Film *Lohn der Angst* bei den Filmfestspielen in Cannes den Hauptpreis gewonnen und beim Publikum wie bei den Kritikern für hymnische Reaktionen gesorgt. Besetzt war dieses Meisterwerk des Film noir mit zwei Männern, mit denen Herbert und ich später auch befreundet waren: Yves Montand und Charles Vanel.

Je mehr Herbert mit Clouzot diskutierte, desto deutlicher traten seine filmischen Interessen zutage: Lässt sich Spannung allein durch schnelle Schnitte und harte Übergänge erzielen? Wie wäre es, stillsitzende Orchestermusiker aus extremen Schräglagen heraus aufzuzeichnen? Könnte man nicht mit einer sogenannten Totalen ganze Tonbögen optisch nachzeichnen? Die Zuschauerränge verschwinden alle im Dunkel, wenn die Musiker zu spielen beginnen, gibt es eine filmische Möglichkeit, diesen Nachteil in einen Vorteil zu verwandeln?

Hier hatten sich offenbar zwei verwandte Seelen gesucht und gefunden. Beide besaßen neben ihrer Genialität den Mut, Altes ad acta zu legen und mit innovativen Konzepten ihre jeweilige Zunft aufzumischen. Herbert äußerte in einer Diskussion, die mir noch lebhaft in Erinnerung ist, die ausgefallene Idee, nicht einfach eins zu eins eine rein dokumentarische Aufzeichnung einer Aufführung produzieren zu wollen, sondern einen dramaturgisch durchdachten und inszenierten Musikfilm. Clouzot, ein begeisterter Hörer klassischer Musik und ausgewiesener Kenner, fing den Ball sofort auf. Beide waren sich einig: Der Zuschauer muss das Gefühl bekommen, in einer privilegierten Position zu sein und nicht nur einem außergewöhnlichen Klang-, sondern gleichzeitig einem herausragenden Seherlebnis beizuwohnen – wo auf der Welt auch immer er sich befindet. Herbert wusste die Musiker so zu führen, dass die Zuhörer buchstäblich bis unter die Haut die Intensität der Töne nachempfinden konnten; Clouzot und sein Kameramann Armand Thirard ihrerseits kannten alle Kniffs der raffinierten, spannungsgeladenen und hochsubtilen optischen Umsetzung eines Themas. Zu jenem Zeitpunkt bildete Clouzot zusammen mit Armand Thirard ein eingespieltes Team. Thirard hatte die absolute Weltelite der Schauspielkunst vor seiner Kamera gehabt: Ingrid Bergman in *Lieben Sie Brahms?*, Michèle Morgan in *Maria Chapdelaine*, Cécile Aubry in *Manon* und vor allem Yves Montand und Charles Vanel in Clouzots *Lohn der Angst*. Nun würde mit den Berliner Philharmonikern ein Orchester der Weltspitze bereit sein, Beethovens 5. und Dvořáks 9. *Symphonie* vor laufenden Kameras zu interpretieren. In Berlin blühte Clouzot regelrecht auf. Mit Wehmut erinnerte er sich bei vielen gemeinsamen Essen mit uns an die Zeit, als er 1932 nach Berlin kam und in den legendären Ufa-Studios in Babelsberg sein cineastisches Handwerk lernte; nach dem Mauerbau lagen diese Studios auf dem Gebiet der DDR und waren für alle Westler tabu.

Es war ein gewagtes Experiment, denn schon während der Proben wirbelten Clouzot und sein Team durch das Studio – die Aufzeichnungen fanden im Januar und Februar 1966 im Berliner Union-Film Studio Tempelhof statt – und sorgten anfangs für beträchtliche Unruhe. Die Musiker waren es einfach nicht gewohnt, dass »kalte Linsen« statt glänzende Augen jede ihrer Regungen und Bewegungen verfolgten und festhielten. Für mich war die Arbeit vor der Kamera eine vertraute Sache, jahrelang hatte ich den egozentrischsten Fotografen mit den verrücktesten Ideen Modell gesessen, weshalb es mir leichtfiel, die manchmal recht irritierten Orchestermitglieder zu trösten und zu beruhigen, wenn ihnen Clouzot nach ihrem Empfinden viel zu nah auf die Haut rückte. Der Regisseur hatte als Bildkonzept die Nahaufnahme gewählt, was unter anderem bedeutete, dass die Kameras ihre Aufnahmen manchmal nur wenige Zentimeter von den Händen eines Flötisten oder eines Violinisten entfernt einfingen. Doch schließlich war alles im Kasten und die Beteiligten – auch die so kritisch-ängstlichen Musiker – waren hellauf begeistert über das Ergebnis. Selbst heute, über vierzig Jahre später, entfalten diese Aufnahmen für mich immer noch den Zauber des Besonderen, der allem Neuen anhaftet.

152

Angesichts des Resultats dieser wenn auch sehr kräftezehrenden Filmerei war mein Mann davon überzeugt, den richtigen Weg eingeschlagen zu haben, und plante fortan parallel zu den Einstudierungen der Werke eine filmische Umsetzung. Ihm war keineswegs entgangen, dass auch Leonard Bernstein in Amerika große Erfolge mit immer populärer werdenden Fernsehkonzerten einheimste; Bernstein dirigierte in diesen Shows nicht nur, er führte das Publikum, vorwiegend junge Leute und Kinder aus New York, auch launig und gewitzt in die Werke ein. Im Vergleich zu den eher bescheidenen europäischen Mitteln besaß Bernstein Zugang zu den amerikanischen Studios in Hollywood und arbeitete mit Jupiter-Lampen, die eine enorme Hitze ausstrahlen, was für die Orchestermusiker eine große physische Belastung darstellte; zusätzlich setzte er Kameraschienen ein, mit denen spektakuläre Fahrten möglich waren, was aber wiederum die Sicht des Publikums, das für die Eintrittskarten zu bezahlen hatte, zum Teil erheblich einschränkte. Wenn sich Bernstein dann im Lauf der Sendung selbst ans Klavier setzte, waren die Zuschauer völlig begeistert: endlich ein Musiker zum Anfassen.

Bereits im November 1965 hatten Herbert und Henri ihr Filmprojekt mit den Wiener Symphonikern als Orchester und zwei musikalischen Highlights auf Zelluloid gebannt: 1. die *Symphonie Nr. 4 in d-Moll* von Robert Schumann; 2. Mozarts *Violinkonzert Nr. 5, A-Dur, KV 219* mit dem unvergleichlichen Yehudi Menuhin als Solisten. Als eine Art »Bonusmaterial«, wie Sie es heute auf vielen DVDs finden, zeigt dieser Film ein Gespräch zwischen meinem Mann und Yehudi Menuhin über ihr Verständ- 153 nis von Musik, was für mich ein weiteres Highlight dieser Aufnahme darstellt.

Fast zwei Monate lang wurde in den Filmstudios am Wiener Rosenhügel geprobt und gedreht. Auch diese Dreharbeiten gestalteten sich alles andere als leicht und mir standen harte Wochen bevor, denn ich war bei den Dreharbeiten immer vor Ort, obwohl ich zwei kleine Kinder hatte. Für die Musiker besonders anstrengend war Clouzots Beleuchtungsstil: Große Teile des Bildes blieben im Dunkel, und so sieht man ab und zu nur die weitreichenden Schatten der Bassgeigen. Dass diese nahezu surreal anmutende Dunkelheit trotzdem komplett ausgeleuchtet werden musste, um die weißen Hemden, Hände und Gesichter oder den Stab meines Mannes optimal zur Geltung zu bringen, haben nicht alle verstanden. Viele Orchestermitglieder glaubten immer noch, dass sich die klassische Musik nicht auf den Film einlassen dürfe. Herbert sah das anders, und der überwältigende Erfolg gab ihm auch diesbezüglich recht. Allerdings verschonte ihn seine Weitsicht nicht vor Clouzots außergewöhnlichen Einfällen. Der Franzose war beispielsweise völlig begeistert von Herberts Körperhaltung beim Dirigieren und seinen auf dem Podium wie festgeschraubten Füßen, die sich selbst beim größten Stress keinen Millimeter bewegten. Wieder und wieder mussten die Kameras einfangen, wie mein Mann sich allein aus den Knien und den Hüften heraus bewegte. Egal, wie sehr seine Beine auch brennen mochten … könnte es etwa sein, dass ich das eine oder andere schadenfrohe Grinsen darüber, dass auch der Chef nicht ohne Qualen davonkam, in den Gesichtern einzelner Solisten gesehen habe?

Wie die beiden miteinander funktionierten, zeigte sich besonders bei einer Aufzeichnung, von der ich Ihnen noch berichten möchte. Angestachelt durch ihren Ehrgeiz und Gestaltungswillen – sie standen sich in nichts nach – liefen Herbert und Henri beim Film über Antonín Dvořáks Symphonie Nr. 9 in e-Moll *Aus der neuen Welt* zu Höchstform auf. Diesmal ließ mein Mann seine Muskeln spielen: Alle Orchestermitglieder mussten so lange zur Verfügung stehen, bis Herbert das Material in den Entwicklungslabors gesichtet und für gut befunden hatte. Das gefiel und imponierte Clouzot, der sich voll auf die Kameraführung konzentrierte und Herbert wie den Trainer einer Mannschaft, die in der Champions League der Musik die Spitzenposition innehat, erscheinen ließ.

Clouzot ließ sich stets neue, überraschende Kamerapositionen einfallen; Herbert brachte die modernsten Mikrofone mit, um eine bis dahin unerreichte Klangfülle zu erzielen. Diese technischen Spielereien und Spezialeffekte brachten viele Musiker an den Rand ihrer Belastbarkeit; zum ersten Mal in ihrem Leben waren sie gezwungen, ihr Können nur zu mimen, sprich, ihre Instrumente zu spielen, zu zupfen, zu blasen oder zu trommeln, ohne tatsächlich Töne zu erzeugen, denn: Herbert und Henri hatten das Playback-Verfahren entdeckt. Was sich für den Film als ideal erwies, bedeutete für die Orchestermitglieder eine Art Vorhölle. Gott sei Dank konnte sich Herbert in solchen Situationen zu hundert Prozent auf mich verlassen, wir waren ein perfekt aufeinander abgestimmtes Team. So konnte ich durch kleine Aufmerksamkeiten, ein beruhigendes Wort hier, ein vermittelndes dort, viele Wogen glätten.

155

Sobald die täglichen Dreharbeiten abgeschlossen waren, zeigte sich Clouzot als brillanter Unterhalter, er ließ Herbert und mich teilhaben an seiner aufregenden Zeit als Assistent des Regisseurs Anatole Litvak, der mit Filmen wie *Du lebst noch 105 Minuten* oder *Entscheidung vor Morgengrauen* Filmgeschichte schrieb. Er bewunderte die Professionalität von Leinwandikonen à la Olivia de Havilland, Barbara Stanwyck oder Tyrone Power, die alle der Führung des aus ärmlichsten Verhältnissen stammenden Ukrainers Litvak vertrauten. Unserem Regisseur zuzuhören war wie ein Schnellkurs in Filmhandwerk, Filmästhetik und Filmgeschichte, und das alles an einem Abend.

Mein Mann konnte ebenfalls wunderbar erzählen, wenn er seine Scheu erst einmal überwunden und Vertrauen zu seinem Visavis gefasst hatte. Er steuerte Geschichten aus seiner Welt bei, mit ihren Höhen und Tiefen, kometenhaften Aufstiegen und gnadenlosen Abstürzen nicht unähnlich der des Films. So hatten sich beide viel zu erzählen; und wenn sie sich gegenseitig zu sehr zu übertrumpfen suchten, sorgte ich für eine Abkühlung der überhitzten Gemüter.

Zum Schluss noch eine letzte Episode, oder »Schnitt und Achtung Aufnahme«, wie Insider sagen. 16. Januar 1967, der Film: Verdis *Requiem*; Drehort: Mailand, Scala; Regie: Henri Clouzot; Dirigent: Herbert von Karajan; in den Hauptrollen: Leontyne Price, Nicolai Ghiaurov, Fiorenza Cossotto und Carlo Bergonzi; der Anlass: eine Galavorstellung zum zehnten Todestag von Arturo Toscanini. Und dann – filmisch gesprochen – der Bösewicht: Vier Tage vor der Aufführung winkte die selbstherrliche

Scala-Direktion ab, keine Scheinwerfer während der Vorstellung. Aus, Ende, vorbei – die aufwendigen Filmvorbereitungen schienen geplatzt; der temperamentvolle Clouzot war stinksauer, Herbert behielt die Nerven. Herbert, Henri und ich waren Tage vorher angereist, nun saßen wir zusammen und fühlten uns im Stich gelassen. Allerdings nur für wenige Sekunden. Plötzlich warf jemand in die Runde, dass das Auditorium der Scala am 14. und 15. Januar frei sei.

Die Kameramarkierungen hatte Armand Thirard längst festgelegt, auch die Mikrofone waren positioniert. Und so erlebte ich ein schier unglaubliches Spektakel: In nur zwei Tagen und Nächten wollten Herbert und Henri einen Film ohne Publikum und ohne auch nur einen Hauch von Unterstützung seitens der Scala drehen. Jeder von uns gab sein Letztes; Herbert ging mit dem Ersten Geiger und dem Kapellmeister noch einmal minutiös die Partitur durch – Schnitzer konnten sie sich nicht leisten, die Zeit war einfach zu knapp, Henri checkte mit Armand in der Scala jede einzelne Einstellung, damit Verdis *Requiem* einen fulminanten Musikfilm ergeben würde. Und dann hieß es seitens des Managements des Künstlers: »Carlo Bergonzi ist an diesen zwei Tagen nicht verfügbar.«

Ich liebe Italien, aber dieses Spiel brachte auch mich an den Rand eines Nervenzusammenbruchs. Nicht so Herbert. Wie fast immer in aussichtslos erscheinenden Situationen bekam er von ganz oben einen kleinen Wink. Jemand erwähnte, dass er kürzlich einen jungen Tenor namens Luciano Pavarotti als Rodolfo in *La Bohème* gehört habe und von dessen außergewöhnlicher Stimme hochgradig begeistert sei. Mein Mann setzte alle Hebel in Bewegung. Die Telefonleitungen zwischen Mailand und Modena liefen heiß, und schließlich stand ein damals ranker und schlanker junger Mann auf der Bühne und rührte uns mit *Ingemisco, Qui Mariam, Preces meae* und *Inter oves* zu Tränen.

Abspann: Der Film mit Pavarotti wurde ein Welterfolg, und Luciano – dieses Stimmwunder – ein neuer Freund.

Ein herausragender
Künstler tritt ab

Nur wer selbst den geliebten Lebenspartner verloren hat, weiß, welch unerträglicher Schmerz damit verbunden ist. Auch wenn uns beiden immer klar war, dass Herbert aufgrund unseres großen Altersunterschieds sehr wahrscheinlich vor mir gehen würde, ist der Moment, in dem dieser Abschied tatsächlich stattfindet, unvorstellbar.

Im Zusammenhang mit dem Tod das Wort Glück zu benutzen, mag Sie vielleicht überraschen, aber ich setze es bewusst, denn ich bin sehr glücklich darüber und Gott dankbar dafür, dass Herbert in meinen Armen starb. Am 16. Juli 1989 ereilte uns dieses Schicksal. Nichts an diesem Tag hatte darauf hingedeutet, dass Herbert mich für immer verlassen würde. Zwar musste er in den letzten Jahren aus gesundheitlichen Gründen etwas kürzertreten; auch hatten ihn die Rückenoperationen gezeichnet und die unaufhörlichen Anforderungen der Musikwelt ihre Spuren hinterlassen. Dennoch fühlte er sich an jenem Morgen so gut, dass er sogar statt der vier vom Arzt erlaubten zwanzig Bahnen in unserem Swimmingpool geschwommen war.

Auf 17 Uhr war die Generalprobe zu Verdis *Maskenball* angesetzt – eine für Herbert immens wichtige Aufführung mit Plácido Domingo als König Gustav III. und

Leo Nucci als Graf Anckarström, Florence Quivar als geheimnisvolle Seherin Ulrica, die brillante Sumi Jo als Oscar und Josephine Barstow in der Rolle der Amelia. Der Höhepunkt: Herbert hatte den Hollywood-Regisseur John Schlesinger, der mit *Midnight Cowboy* 1969 drei Oscars gewonnen und 1981 in Covent Garden bereits *Hoffmanns Erzählungen* und 1985 den *Rosenkavalier* vorgestellt hatte, mit der Inszenierung beauftragt. Vormittags um 11 Uhr waren Norio Ohga, zu jener Zeit Präsident des japanischen Unterhaltungsriesen Sony, und einer seiner Mitarbeiter mit Herbert verabredet, um einige vertragliche Dinge zu regeln. Mein Mann empfing die Herren in seinem Schlafzimmer im ersten Stock; für 13 Uhr war ein gemeinsames Mittagessen mit den Gästen bei uns vorgesehen.

Ich befand mich zu dieser Zeit noch außer Haus: Gegen 12 Uhr war ich mit unserem Hund und dem Fahrrad zu einer Spazierfahrt aufgebrochen. Nach etwa zehn Minuten traf ich durch Zufall den Oberkellner vom Goldenen Hirsch in Salzburg, wo Herbert und ich Stammgäste waren. Wir unterhielten uns eine Weile über dies und das, bis ich auf seine Uhr blickte und mit Schrecken realisierte, dass es bereits halb eins war. Wollte ich pünktlich zum Mittagessen erscheinen, vorher noch schwimmen gehen und meine Haare waschen, musste ich meine Fahrradtour auf der Stelle abbrechen und sofort nach Hause radeln.

Es ist eigenartig, welche Details in solch lebensumwälzenden Situationen im Gedächtnis haften bleiben. Ich weiß noch genau, dass ich meine Haare gerade zum zweiten Mal shampoonierte, ich rieche noch heute den

Kamillenduft, als unser Butler Francesco, der sich seit vielen Jahren um den reibungslosen Ablauf unseres Haushalts kümmerte, aufgeregt an die Tür hämmerte und – für diesen distinguierten Herrn mehr als außergewöhnlich – regelrecht brüllte: »Madame Karajan, Ihr Gatte ruft nach Ihnen, Sie müssen sofort kommen.« Allein, dass dieser zurückhaltende Mann seine Stimme derart erhob, alarmierte mich. So schnell ich konnte, stieg ich aus der Dusche, griff mir meinen Bademantel, wickelte mir notdürftig ein Handtuch um den Kopf und eilte in den ersten Stock.

Im Zimmer meines Mannes angekommen, griff eine eiskalte Hand an mein Herz: Herbert saß leicht zur Seite gekauert in seinem Bett, in der einen Hand einen Block, in der anderen einen Stift. Norio Ohga und sein persönlicher Mitarbeiter standen etwas verlegen und hilflos um sein Bett herum. Ich bat die beiden Herren, den Raum zu verlassen, denn ich spürte, dass sich in Sekundenbruchteilen etwas Entscheidendes verändert hatte: Im Zimmer schwebte eine Atmosphäre, für die es keine Worte gibt. Erst viel, viel später realisiert der Verstand, dass es der Moment war, in dem sich die Seele anschickt, den Körper eines Menschen zu verlassen und auf die große, letzte Reise zu gehen.

Ganz ruhig setzte ich mich zu Herbert an den Bettrand, legte Stift und Block auf die Seite, nahm ihn in den Arm und reichte ihm ein Glas. Er trank einen Schluck, schaute mich mit seinen blauen Augen an; es war der Blick eines Mannes, der genau wusste, was mit ihm geschah, und der mir noch einmal ohne Worte sagte »Ich liebe dich«. Ein leises Stöhnen entwich aus seinem Mund, ein kurzer

161

Ruck ging durch seinen Körper, dann sackte Herbert in sich zusammen und verstarb in meinen Armen. Und so hielt ich den Mann meines Lebens, der über dreißig Jahre mein Leben gewesen war, weiter in den Armen. Wie viel Zeit so verging, kann ich heute nicht mehr sagen, aber noch einmal erlebte ich die Höhepunkte unseres Lebens, ließ viele gemeinsame Erfahrungen Revue passieren und fühlte mich innigst mit ihm verbunden. Und mir kam in den Sinn, wie Herbert eines Tages bei einer Wanderung auf den Morteratsch-Gletscher im Engadin darüber gesprochen hatte, wie er sich sein Ende vorstellte. Herbert, der sich in all unseren Jahren nie über das Sterben geäußert hatte, dieser vor Kraft und Energie strotzende Mann, sagte auf einer unserer vielen Touren in diesem herrlichen Gebiet: »Wenn ich einmal krank werde, nehme ich einen Rucksack mit einer Flasche Whisky und Schlaftabletten mit; mit einem letzten Blick in dieses Alpenpanorama werde ich die Augen schließen, denn das ist der Ort, an dem ich einmal sterben möchte.« Dazu ist es nicht gekommen, seine letzte Wanderung hat mein Mann von zu Hause aus angetreten.

Für Norio Ohga war Herberts Tod ein entsetzlicher Schock; den engen Freund und Arbeitskollegen, mit dem zusammen er die technische Wiedergabe von Musik revolutioniert hatte, zu verlieren, ja, in den letzten Lebenssekunden an seinem Bett gestanden zu haben, ging ihm so nahe, dass er noch in unserem Haus einen Herzinfarkt erlitt und ärztlich versorgt werden musste.

Selbst die Natur trauerte wohl um Herbert: in der Nacht nach seinem Tod starb das kerngesunde Lama, das erste dieser prachtvollen Tiere, das ich meinem Mann geschenkt hatte; und die schönste Linde in unserem Garten verlor alle Blätter und musste gefällt werden.

Die Tage danach waren angefüllt mit hektischen Aktivitäten, unsere beiden Töchter mussten informiert und die Beerdigung vorbereitet werden. Zum Glück hatte ich Isabel und Arabel an meiner Seite. Isabel kam aus Wien, sie probte gerade für ihre Rolle als Cordelia in George Taboris Inszenierung der Shakespeare-Tragödie *König Lear* anlässlich der Bregenzer Festspiele 1989. Arabel kam aus Boston. Ich weiß nicht, wie ich diese unsagbar traurige Phase sonst hätte überstehen sollen. In der schweren Zeit nach Herberts Tod waren sie mir unentbehrliche Stütze und Trost, nun sind die beiden und ihre goldigen Töchter Elia und Kalina das, was mein Leben mit Lachen und Herzlichkeit, mit Freude und Zuversicht erfüllt. Wenn es an der Zeit ist, dass mich unser Schöpfer zu sich ruft, dann weiß ich, dass in Isabel und Arabel, in Elia und Kalina etwas von Herbert und von mir weiterlebt, das unvergänglich ist.

Auf Herberts ausdrücklichen Wunsch fand die Beisetzung in aller Stille statt; das brachte mich zunächst in arge Bedrängnis, denn nachdem die Medien die Nachricht von seinem Tod verbreitet hatten, stürmten von allen Seiten Fragen auf mich ein: Wann findet die Beerdigung statt, wo wird dieser außergewöhnliche Künstler beigesetzt, welche Gäste werden zu den Feierlichkeiten gebeten und so weiter und so fort. Es schien, als wollten alle, die je mit diesem charismatischen Menschen irgendwann zusammengetroffen waren, ihm ihre Hochachtung erweisen und ihm das Geleit geben. Schließlich entschieden wir in der Familie, gemäß Herberts Wunsch,

163

bloß kein Aufsehen zu erregen und das Datum der Beisetzung unter allen Umständen geheim zu halten. Die Bestattung sollte im engsten Kreis stattfinden, nur unsere Kinder und ich würden den letzten Weg mit Herbert gehen. Und so geschah es dann auch: Seine endgültige Ruhe fand er am 17. Juli 1989 in Anif; dem mit roten Rosen geschmückten Sarg folgten Isabel, Arabel und ich, um der großen Liebe meines Lebens für immer Adieu zu sagen.

Auf den Tag genau drei Monate nach Herberts letztem Konzert im Wiener Musikverein fand im Salzburger Dom unter dem Titel »Requiem für Karajan« eine ergreifende Darbietung der Wiener Philharmoniker und einiger der bedeutendsten lebenden Künstler statt. Riccardo Muti, Agnes Baltsa, Gösta Winbergh, Anna Tomowa-Sintow und Ferrucio Furlanetto erwiesen ihrem großen Vorbild mit Mozarts *Requiem* in d-Moll ihre Referenz. Mit einem letzten Gruß verabschiedeten sich am 30. Juli bei einer Gedenkstunde während der Salzburger Festspiele seine Kollegen Seiji Ozawa mit Bachs »Air« aus der *Orchestersuite Nr. 3 in D-Dur*, Sir Georg Solti mit Beethovens »Marcia funebre« aus der *Eroica* und James Levine, José van Dam und die Konzertvereinigung Wiener Staatsopernchor mit »Denn wir haben hie keine bleibende Statt« und »Selig sind die Toten« aus Brahms' *Ein deutsches Requiem*. Dann geschah etwas Außerordentliches: Mozarts *Maurerische Trauermusik in c-Moll* spielten die Wiener Philharmoniker nach einer Gedenkminute ohne Dirigenten und verneigten sich damit vor dem Mann, der dreiundvierzig Jahre mit ihnen zusammengearbeitet hatte und mit ihnen zu immer neuen Höhenflügen aufgebrochen war. Am 10. September sagten die Berliner

Philharmoniker unter Carlo Maria Guilini mit Bruckner *(9. Symphonie in d-Moll)* und Schubert *(Symphonie Nr. 8 in h-Moll)* in der Philharmonie Adieu, am 16. September noch einmal die Wiener mit Leonard Bernstein im Musikverein Wien mit Bruckner, Beethoven und Mozart. Die letzte Gedenkfeier für meinen Mann fand in Japan statt; und zum letzten Mal spielten die Wiener Philharmoniker für Herbert ohne Dirigenten die *Maurerische Trauermusik* von Mozart.

Drei Tage nach seinem Tod erschien mir Herbert im Traum: Ich stehe im weißen Nachthemd am Fenster und beobachte, wie mein Mann in seinem roten Porsche gerade die Garage verlässt; er bemerkt mich und kurbelt die Fensterscheibe herunter. Auf meine Frage: »Wohin fährst du?«, antwortet er leise, aber bestimmt: »Dorthin.«

»Wo ist dieses ›Dorthin‹ und warum nimmst du mich nicht mit?«, insistiere ich.

»Es ist noch zu früh.«

»Zu früh wozu, warum kann ich nicht mit dir gehen?«

»Du musst bleiben, weil noch sehr viele Aufgaben auf dich warten.«

Dann schaut er mich noch einmal durchdringend mit seinen blauen Augen an, gibt Gas und braust davon.

War das ein Wink des Schicksals, ein Zeichen des Himmels? In diesem Augenblick fühlte ich wieder meine tiefe Geborgenheit in Gott, denn unweigerlich tauchen bei einem solch schmerzlichen Verlust des über alles geliebten die großen Fragen auf, die die Menschheit seit ihrer Existenz beschäftigen.

Häufig werde ich gefragt, ob Herberts und mein Leben von religiösen Werten geprägt war. Das ist nicht so ein-

165

fach mit einem klaren Ja oder Nein zu beantworten; hingegen darf ich für uns beide sprechen und sagen, dass wir beide an einen Gott, an ein Mysterium, das sich jenseits von unserer Wahrnehmungsfähigkeit befindet, glaubten. Herberts Ausdruck seiner Verbundenheit mit Gott bestand in einer intensiven Beschäftigung mit den sakralen Meisterwerken der Musikliteratur wie Bachs *h-Moll-Messe*, die *Matthäus-Passion*, Haydns *Schöpfung*, Mozarts *Krönungs-Messe* und das *Requiem*, Beethovens *Missa Solemnis*, Brahms' *Ein deutsches Requiem*, Verdis *Requiem* und Bruckners *Te Deum*. Wenn es ihm gelang, eines dieser Werke mit aller ihm zur Verfügung stehenden Energie aufzuführen, sobald er spürte, dass er dem Wunsch des jeweiligen Komponisten nach Vollkommenheit ein weiteres Stück nähergekommen war, realisierten auch die Zuhörer, dass sie Zeugen eines musikalischen Gebets geworden waren. Für mich manifestiert sich mein Glaube seit meiner Kindheit am ehesten beim Anblick des Sternenhimmels, des Meeres, der Berge, des langsamen Entfaltens einer Orchideenblüte; in diesen Wunderwerken der Natur spüre ich die schöpferische Hand Gottes ganz nah.

So greifbar nah, wie mir auch Herbert in diesem Traum erschienen war. Sein letzter Satz, »Du musst bleiben, weil noch viele Aufgaben auf dich warten«, gibt mir bis heute die Kraft weiterzumachen. Herbert hatte, weitsichtig, wie er war, recht; mein Schicksal hat sich noch nicht erfüllt. Und so werde ich, mit seiner und Gottes Hilfe, meinen Weg weitergehen.

Die Jahre danach

Merkwürdig, wenn erst einmal der Alltag eingekehrt ist, nachdem die ganze bisherige Existenz durch den Tod des Partners auf den Kopf gestellt, durcheinandergewirbelt, in Frage gestellt wurde, dann entsteht neben der großen Lücke irgendwann der Wunsch, das Leben wieder in die Hand zu nehmen. Die ersten Wochen und Monate nach Herberts Tod liegen immer noch verhüllt unter einem Schleier aus Tränen, Trauer und Schmerz. Doch irgendwann regte sich in mir wieder der Wunsch, aktiv mit Menschen zusammenzusein, und ich wusste, dass Herbert genau das gewollt hatte. Ganz vorsichtig wagte ich mich wieder hinaus, traf enge Freunde, zunächst nur für ein, zwei Stunden; rücksichtsvoll, wie sie waren, schonten sie mich, wo es nur möglich war. Oft versuchten sie, das Thema »Herbert« zu vermeiden, doch ich kann aus eigener Erfahrung nur das bestätigen, was ich oft von Frauen höre, die Ähnliches durchgemacht haben: Es ist wunderschön, gemeinsame Erinnerungen an einen geliebten Menschen zu teilen.

Es ist ja auch nicht zu leugnen: Herbert ist für mich stets präsent, ich bin nicht einsam, sondern nur allein. Zudem begegne ich ihm auf den Covern der Schallplatten und CDs immer wieder. Sollte ich etwa auswandern, alle Fotos verstecken, nie mehr in einem Schallplattenladen eine CD kaufen? Nein, ich gab mir eines Morgens einen Ruck und beschloss: Eliette, es ist an der Zeit, ins Leben zurückzukehren. Und nicht zuletzt waren da ja auch noch unsere Kinder, sie durften neben dem Vater nicht auch noch die Mutter verlieren, weil diese in ihrer Trauer versank.

Einfach war es nicht, doch Tag für Tag gab es kleine und größere Highlights. Und von den vielen Aufgaben, die Herbert mir in meinem Traum nach seinem Tod voraussagte, will ich nur einige wenige herausgreifen. Da ich vom Leben so reich beschenkt worden bin und von allen Seiten immer viel Ermutigung erfahren habe, wollte ich davon etwas weitergeben und stiftete 1994 einen Preis für junge Malerinnen und Maler. Zu den ersten Preisträgern gehörte beispielsweise Damian Hirst, der inzwischen zu den großen, mit seinen spektakulären Inszenierungen immer wieder Aufsehen erregenden Künstlern des 21. Jahrhunderts zählt.

Nachdem wir im Schweizerischen Graubünden so wohlwollend aufgenommen worden waren, bot sich mir im Jahr 2000 die wunderbare Gelegenheit, aus Anlass unserer Wohnsitznahme in St. Moritz rund fünfundvierzig Jahre zuvor eine weitere Idee, die mir schon lange vorschwebte, in die Tat umzusetzen. Gerade Künstler, die in einer bestimmten Region leben und arbeiten, werden oft zu wenig unterstützt; arbeiten sie zudem auf Gebieten, die vom Mainstream noch nicht vereinnahmt sind, haben sie es doppelt schwer. So entstand in enger Zusammenarbeit mit Regierungsrat Claudio Lardi der

»Eliette von Karajan Kulturfonds«; die jährlich vergebenen Preise sollen den Kulturschaffenden ermöglichen, sich auf ihrem Gebiet weiterzuentwickeln und sich noch intensiver mit ihrer kulturellen Arbeit beschäftigen zu können. Neben der finanziellen Unterstützung sind die Preise auch eine Wertschätzung und eine Bestätigung der bisher geleisteten Arbeit.

Und natürlich die Salzburger Osterfestspiele, jenes Projekt, das meinem Mann so sehr am Herzen lag. Durch Herberts Tod war eine große Lücke entstanden, niemand wusste so recht, wie es künstlerisch weitergehen sollte. Während vier Jahren waren Kurt Masur, Bernard Haitnik sowie Sir Georg Solti nach Salzburg gekommen, dann gelang es 1994 Claudio Abbado als künstlerischen Leiter zu gewinnen. Damit führte er die langjährige Tradition fort, als verantwortlicher Chefdirigent der Berliner Philharmoniker zugleich als Intendant die Festspiele zu leiten. Unter Claudio Abbado entwickelten sich die Osterfestspiele zu einem grenzüberschreitenden Kulturfestival mit Filmvorführungen und Literaturveranstaltungen. Im Zuge dieser Ausweitung wurde der erwähnte Prix Eliette von mir gestiftet, für dessen Jury ich so namhafte Persönlichkeiten wie Professor Georg Baselitz, Professor Arnulf Rainer, Dr. Gerard Regnier (Picasso-Museum, Paris), Professor Norman Rosenthal (Royal Academy, London), Professor Wieland Schmidt (Kunstakademie München) gewinnen konnte.

Seit 1994 kümmere ich mich als Präsidentin der Osterfestspiele um die internationalen Gäste aus Politik, Wirtschaft und Kultur und natürlich um viele Details, mit denen ich Sie hier jedoch nicht langweilen will. Nach wie vor ist Salzburg zu Ostern und im Sommer ein wichtiger

169

gesellschaftlicher Treffpunkt, wovon Sie sich bei einem Besuch einer der vielen großartigen Vorstellungen persönlich überzeugen können.

Ein weiteres Projekt, das mir ganz besonders am Herzen liegt, ist das Eliette-und-Herbert-von-Karajan-Institut. 1995 in Wien als Karajan-Centrum gegründet, konnte es sich mit einem umfassenden Programm – insbesondere zur Förderung junger Künstler – in den vergangenen Jahren als fixer Bestandteil der heimischen Kulturbranche etablieren. Im Hinblick auf den bevorstehenden hundertsten Geburtstag Herberts am 5. April 2008 und die damit verbundenen weltweiten Feierlichkeiten, war es mir ein persönliches Anliegen, das Centrum und seine Aktivitäten in die Heimat meines Mannes, nach Salzburg, zurückzuführen. Hier ist es jetzt also seit 2007 beheimatet und widmet sich als Eliette-und-Herbert-von-Karajan-Institut intensiv den Vorbereitungen zum Karajan-Jahr 2008 – ein großes Ereignis, das auch für mich einige spannende Herausforderungen bringen wird!

Etwas, worauf ich besonders stolz bin, ist das Karajan-Archiv. In mühevoller Arbeit wurde in den vergagenen zehn Jahren eine umfassende Sammlung vonProgrammen, Kritiken, Bildern, Briefen, Büchern und unzähligen Tonträgern aufgebaut und erfasst, die das Leben und Wirken meines Mannes auf unvergleichliche Weise dokumentieren. Es freut mich ganz besonders, dass mit der Wiedereröffnung des Archivs in Salzburg diese Kostbarkeiten nun den unzähligen treuen Anhängern meines Mannes weltweit wieder zugänglich gemacht wurden.

Ganz bezaubernd finde ich die Idee, Straßen und Plätze mit den Namen großer Söhne und Töchter einer

Stadt zu bezeichnen. Auf diese Weise werden die herausragenden Leistungen verdienstvoller Menschen nicht vergessen, und immer wieder begegnen kommende Generationen so außergewöhnlichen Künstler- und Geistesgrößen, in deren Werke sie sich, neugierig geworden, vielleicht einmal vertiefen werden. Diese Ehre wurde meinem Mann schon mehrfach zuteil: Die Adresse der Berliner Philharmoniker lautet seit 1998 Herbert-von-Karajan-Straße 1; in Wien gibt es seit 1996 den Herbert-von-Karajan-Platz direkt neben der Staatsoper, in Salzburg seit 1991 den Herbert-von-Karajan-Platz unmittelbar neben dem Festspielhaus.

Schade: Den erläuternden Text auf der Tafel des Platzes in Tokio vor der Suntory-Hall, der dort nach Herbert benannt ist, kann ich Ihnen nicht übermitteln, da mir die japanischen Schriftzeichen leider nicht geläufig sind.

Meine musikalischen Highlights

Sie kennen sicher die beliebte Frage nach den »drei Büchern für die einsame Insel«; und je nach Mitspielern werden die Gegenstände für das Robinsondasein selbstverständlich ausgetauscht. Wenn ich mich also auf drei musikalische Aufnahmen von Herbert beschränken müsste, die ich auf die berühmte Insel mitnehmen dürfte, nun, dann würde ich meinen ganzen Charme in die Waagschale werfen und mindestens neun Aufnahmen aushandeln – schließlich ist Musik eher leichtes Gepäck, und für ein dickes Werk von Sartre oder Shakespeare müssten mindestens drei CDs angerechnet werden.

Doch Spaß beiseite: Es ist gar nicht einfach, aus den weit mehr als fünfhundert Aufnahmen, die es insgesamt mit Herbert als Dirigent auf CD gibt, einen persönlichen Kanon zusammenzustellen. Aber ich will es an dieser Stelle, in dankbarer Erinnerung an den Mann, der mir auf seine unvergleichliche Art die Welt der Musik eröffnet hat, gern tun.

Verbunden sind mit dieser Zusammenstellung auch wunderbare Erinnerungen, denn bei vielen dieser Einspielungen war ich ja persönlich dabei. Sie fanden als Konzerte ohne Publikum an traditionsreichen und teilweise außergewöhnlichen Orten statt: in London in der

Abbey Road oder in der Kingsway Hall, in Berlin in der Jesus-Christus-Kirche und in der Philharmonie, in Wien im Sofiensaal oder im Musikverein. Wie bei jeder Beschränkung muss ich natürlich all die herrlichen Stücke auslassen, die Herbert zwar auf den Konzert- und Opernbühnen aufführte, die aber nie den Weg auf Schallplatte respektive auf CD fanden; somit fehlen etwa Mozarts *d-Moll-Klavierkonzert* mit Clara Haskil oder die *Elektra* von Richard Strauss. Und nicht zu vergessen der bis heute unerreichte Bach-Interpret Glenn Gould, den Herbert im letzten Konzert vor unserer Hochzeit – Gould spielte das *d-Moll-Konzert* – in Berlin begleitete. Es bestanden knapp vor dem Tod des genialen Pianisten sogar Pläne, sämtliche Bach-Konzerte mit ihm einzuspielen. Gould, menschenscheu wie kein anderer Pianist, den ich kenne, hatte sich öffentlichen Auftritten seit längerem kategorisch verweigert und musizierte ausschließlich im Studio. Für diesen Virtuosen wäre Herbert sofort bereit gewesen, mit Streichern der Berliner Philharmoniker nach Kanada zu fliegen, aber es sollte wohl nicht sein …

Doch genug von dem, das für immer nur in meinem Herzen zu hören bleibt; nun »hören« wir gemeinsam in einige Aufnahmen hinein, die ich Ihnen ans Herz legen möchte.

1. Beginnen wir mit Beethovens 6. Symphonie in F-Dur op. 68, die als *Pastorale* in die Musikgeschichte eingegangen und in den Jahren 1807 und 1808 in Nußdorf und Grinzing, einst Vororte von Wien, heute Teile des 19. Wiener Gemeindebezirkes, entstanden ist. Zwischen beiden Ortschaften fließt der Schreiberbach, der

173

den Komponisten inspirierte: »Hier habe ich die Szene am Bach geschrieben, und die Goldammern da oben, die Wachteln, Nachtigallen und Kuckucke ringsum haben mitkomponiert.«

Wann immer es unsere Zeit erlaubte, suchten Herbert und ich Ruhe und Erholung in der Natur; stundenlang spazierten wir durch den Wiener Wald, erwanderten die reizvolle Umgebung Salzburgs, kletterten gar in den Schweizer Alpen. Ganz in der Nähe unseres Hauses in Anif plätschert ein Bach, der mich jedes Mal, wenn ich ihn entlangspaziere oder -radle, an die Szene am Bach aus Beethovens *Pastorale* erinnert. Keine andere Musik spiegelt für mich so intensiv die sinnlichen Empfindungen eines Menschen in der Natur. Günter Herrmans, der als Toningenieur so viele Aufnahmen Herberts hervorragend betreut hat, erzählte mir einmal, dass Herberts letzte Einspielung der *Pastorale* vom November 1982 eine der schnellsten in der Interpretationsgeschichte dieser Symphonie sei, so als hätte er das Rauschen des Baches einfangen wollen, obwohl man beim Hören gar nicht diesen Eindruck gewinne.

2. *Lieben Sie Brahms?*, der Erfolgsroman von Françoise Sagan, wurde 1961 von Anatole Litvak mit Ingrid Bergman, Yves Montand und Anthony Perkins verfilmt. Der elegische dritte Satz »Poco allegretto« aus der 3. *Symphonie* zieht sich wie ein Leitmotiv durch diesen Film; auch die Melodie des Filmliedes »Good bye again«, das die zauberhafte Diahann Carroll singt, rührt daher. Ich stimme mit einem der ersten Bewunderer der Sym-

phonie, Antonín Dvořák, vollkommen überein, der die »herrlichen Melodien« lobte und schwärmte, dass einem bei der Liebe in dem Werk das Herz aufgehe.

3. Ein typischer Sommernachmittag in der Provence, die Hitze lässt die Luft flimmern, selbst im Schatten der ausladenden Platanen bleibt erfrischende Kühle eine Illusion – die ideale Atmosphäre für Claude Debussys *Prélude à l'après-midi d'un faune*. Mein hochgeschätzter Landsmann Pierre Boulez, einer der bedeutendsten lebenden Komponisten und Musiktheoretiker, sagte einmal: »Mit der Flöte des Faunes hat die Musik neuen Atem zu schöpfen begonnen [...], man kann sagen, dass die moderne Musik mit *L'après-midi d'un faune* beginnt.« In Herberts Einspielung von 1964 übernahm der großartige Soloflötist der Berliner Philharmoniker, Karlheinz Zoeller, den Part. Sein hinreißendes Flötensolo versetzt mich jedes Mal in die beschwingte Stimmung eines frei fließenden Sommertags, an dem man sich einfach seinen Träumen hingeben kann.

4. Während ich diese kleine, private Kollektion zusammenstelle, fällt mir auf, dass ich besonders solche Stücke zutiefst verinnerlicht habe, die sich mit der Natur beschäftigen – wie die beiden folgenden: Es ist mir keine weitere Musik bekannt, die das Wunder des Sonnenaufgangs so ergreifend und atemberaubend gestaltet wie der Auftakt der 2. Suite aus *Daphnis et Chloé* von Maurice Ravel und die *Alpensinfonie* von Richard Strauss. Letztere hat Herbert erstaunlicherweise erst 1980 für uns entdeckt – und sich so heftig in

175

diese göttliche Musik verliebt, dass er sie an die zwanzig Mal aufgeführt hat.

5. Es wurde meinem Mann oft vorgeworfen, dass er sich der zeitgenössischen Musik viel zu wenig angenommen habe. An anderer Stelle habe ich bereits auf die Zusammenarbeit mit Theodor Berger verwiesen, hier möchte ich jedoch die exemplarischen Aufnahmen der 2. und 3. *Symphonie* von Arthur Honegger erwähnen, die diesen albernen, immer wieder gehörten Vorwurf augenblicklich widerlegen. Honegger lebte noch, als Herbert 1954, acht Jahre nach der Uraufführung, zum ersten Mal seine 3. *Symphonie* in Wien aufführte. Wann immer ich sie höre, wühlt mich besonders der 3. Satz auf, der aus düsteren Marschrhythmen in ein friedvolles Adagio mündet und einer musikalischen Erlösung gleichkommt.

6. Zugegeben, hier schummle ich ein wenig, denn es handelt sich gleich um vier Symphonien – aber es wäre eine Sünde, sie auseinanderzureißen. Ich spreche von Gustav Mahler, mit dessen Werk sich Herbert erst relativ spät, genauer erst ab 1973, intensiv auseinandergesetzt hat. Den erfolgreichen Anfang machte er 1973 mit der 5. *Symphonie*, die er mit den Berliner Philharmonikern einspielte; die 4., 6. und 9. *Symphonie*, ebenfalls mit den Berlinern, folgten zwischen 1977 und 1982 und sind weitere, zeitlos gültige Dokumente seiner späten Liebe. Auch die 2. *Symphonie*, in der sich Mahler intensiv mit dem Auferstehungs- und Erlösungsgedanken des Christentums befasste, stand noch

Im Atelier

»Déjeuner sur l'herbe« – mit dem französischen Maler Vincent Roux (li) und dem Bildhauer César (2. von re), Saint-Tropez, 1979

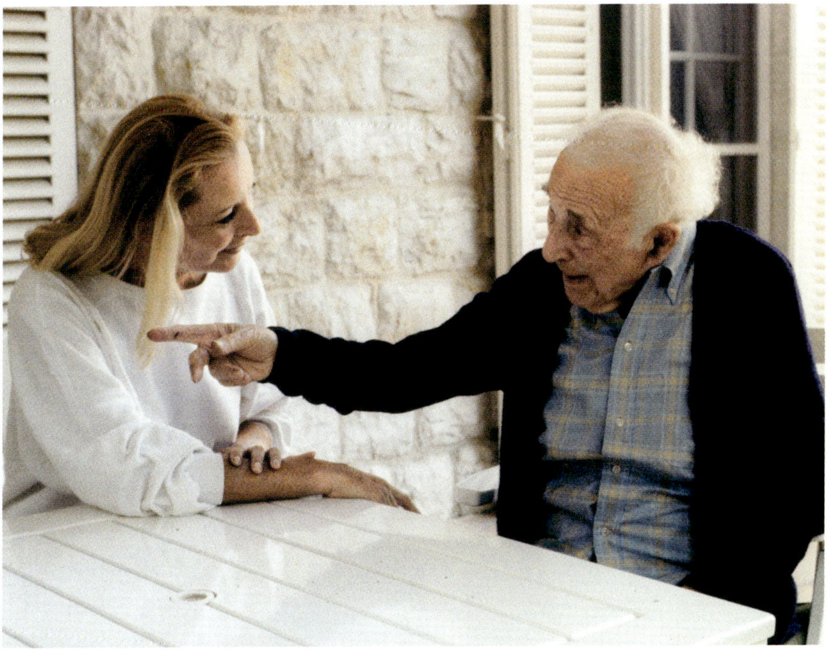

Mit Marc Chagall vor seinem Haus in Saint Paul de Vence

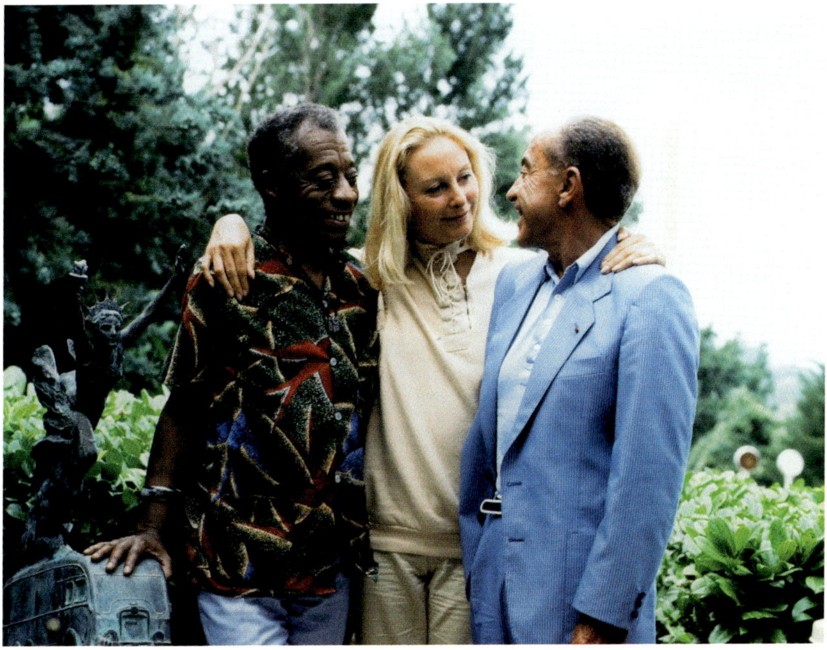

Mit dem amerikanischen Schriftsteller James Baldwin und Maitre Pasquini

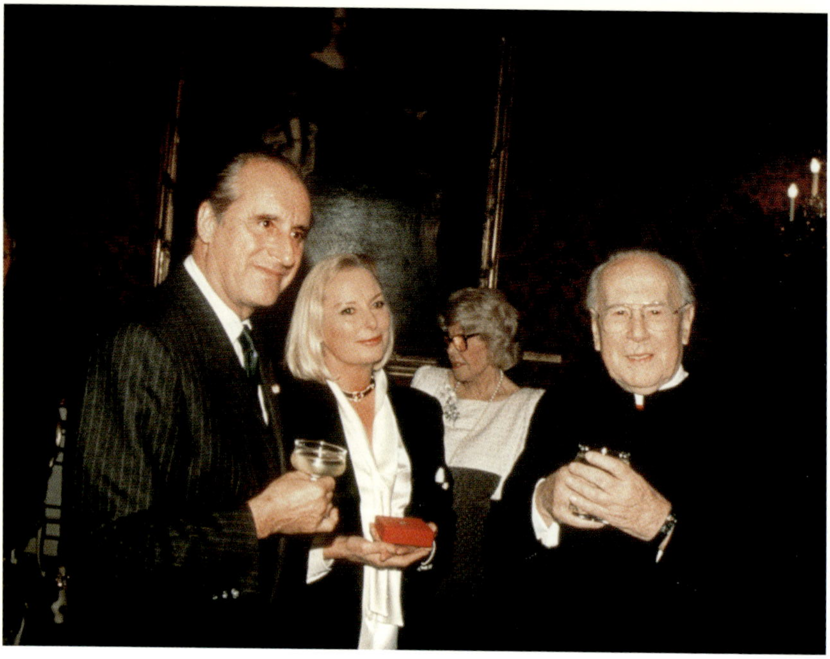

Anlässlich der Verleihung des Bundesverdienstkreuzes 1995 mit dem österreichischen Bundespräsidenten, Veronika Kloiber und Kardinal König

Mit dem österreichischen Bundespräsidenten Thomas Klestil und Plácido Domingo anlässlich der Eröffnung des Karajan-Zentrums, Wien, 1995

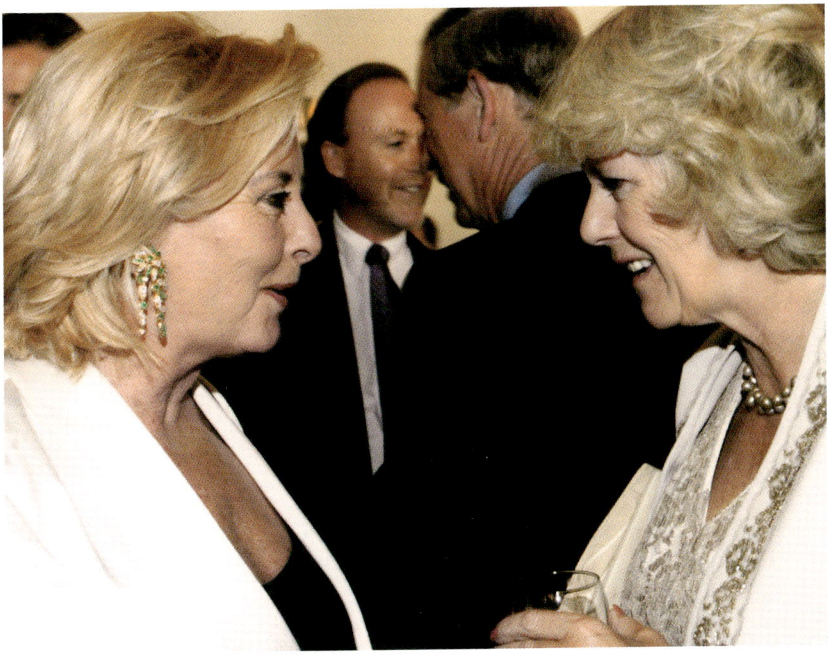

Mit Camilla Parker-Bowles

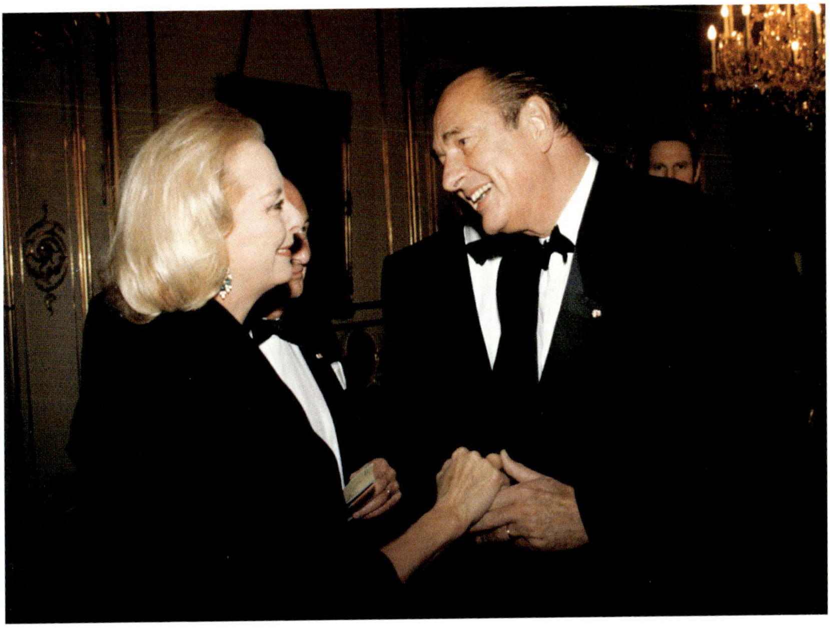

© Haslinger

Mit dem französischen Staatspräsidenten Jacques Chirac, 1998

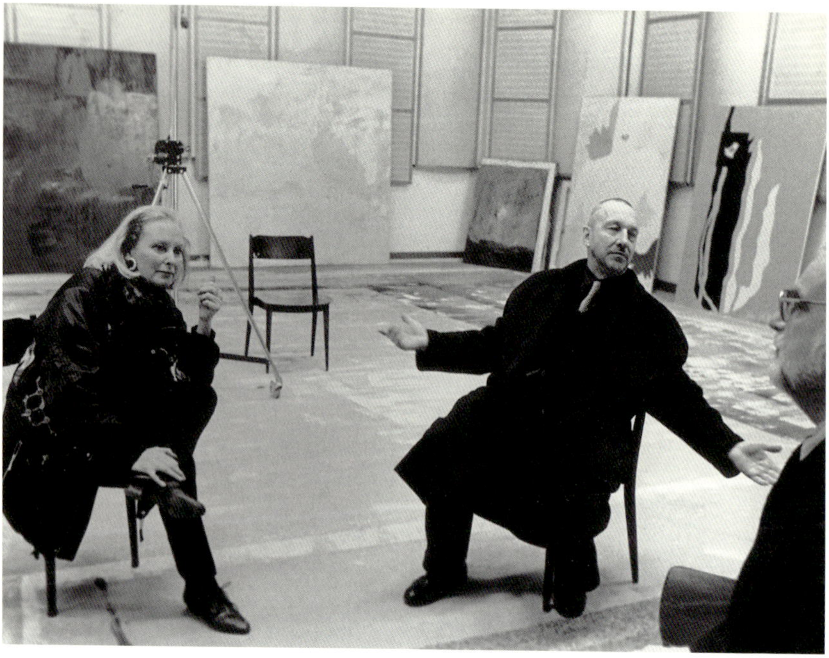

© Gabriela Brandenstein

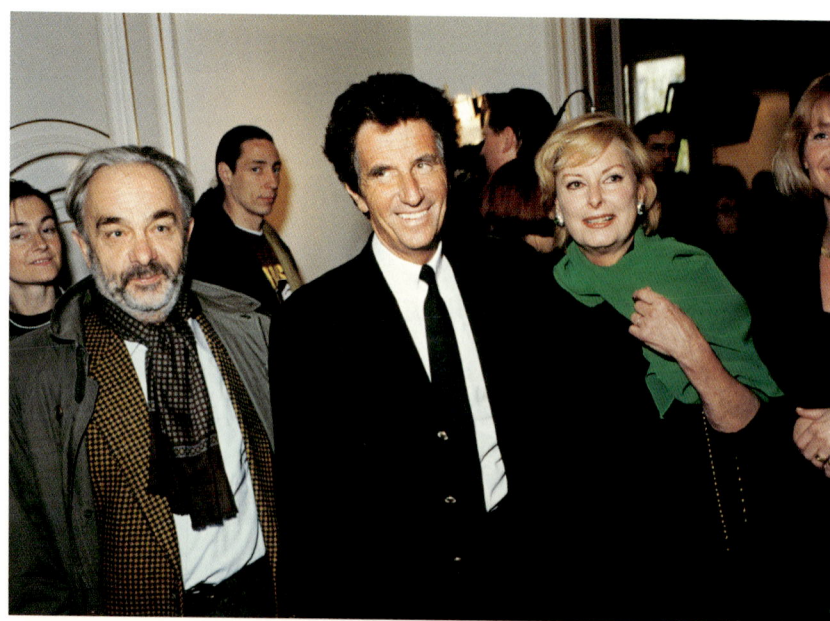

Mit Jörg Immendorff anlässlich der Preisverleihung des »Prix Eliette«

»Prix Eliette«, 1994, mit Arnulf Rainer und Jack Lang

Im Studio von Jean Cocteau

In Saint-Tropez, 2007

In Saint-Tropez, 2007

auf Herberts Wunschprogramm, doch der Tod machte ihm leider einen Strich durch die Rechnung.

7. An dieser Stelle gleich vier Aufnahmen, die alle in die Abteilung »Sakralmusik« gehören: Die ergreifende Arie »Erbarme dich, mein Gott« aus der *Matthäus-Passion* von Johann Sebastian Bach habe ich nie berührender gehört als in Herberts Einspielung von 1972 mit Christa Ludwig. Bachs Vertonung der Leidensgeschichte Jesu, wie sie das Evangelium nach Matthäus in seinen Kapiteln 26 und 27 darstellt, gehört wohl zu einem der Höhepunkte seines Schaffens. In höchstem Maße bewegend war die Aufführung von Mozarts *Krönungs-Messe* am 29. Juni 1985 im Petersdom. Papst Johannes Paul II., der uns nach dem Konzert eine Privataudienz gewährte, zelebrierte ein feierliches Hochamt und Herbert dirigierte unter der Kuppel eines der größten sakralen Bauwerke der Welt. Die Deutsche Grammophon hatte ihr Equipment in der Krypta des Domes untergebracht und bewältigte so die akustischen Tücken dieses außergewöhnlichen »Konzertsaals«. Nicht fehlen darf in diesem Reigen die erste Aufnahme des *Deutschen Requiems* von Johannes Brahms mit den Berliner Philharmonikern aus dem Jahre 1964. Sie fand, überraschend genug, im Wiener Musikverein statt, da die Berliner Philharmoniker in Wien drei Gastkonzerte gaben und mein Mann – ganz der ökonomisch denkende Herbert – gleichzeitig dieses *Requiem* mit ihnen aufzeichnete. Nie hätte ich mir vorstellen können, welch lindernder Trost von dieser Musik ausgeht; nach Herberts Tod habe ich in besonderen Mo-

menten der Erinnerung gern diese Aufnahme gehört, denn Johannes Brahms wagte es, die ursprüngliche Idee des Requiems – ein Bittgebet für den Verstorbenen, das diesen begleitet und ihm helfen soll, zur Erlösung zu gelangen – in eine Hilfestellung für die Hinterbliebenen zu verwandeln. Und zum Schluss eine von Herberts Glanzleistungen: seine letzte Einspielung des *Requiems* von Giuseppe Verdi, die übrigens auch im Wiener Musikverein – die wunderbaren Solisten waren hoch über Chor und Orchester an der Orgel postiert – stattfand. Diese Aufnahme ist für mich so aufwühlend, so einzigartig, dass man sie nur hören kann – hier versagen die Worte.

8. »Frühling«, »September«, »Beim Schlafengehen«, »Im Abendroth« – so lauten die überaus poetischen Titel der *Vier letzten Lieder* von Richard Strauss. Sie basieren auf Gedichten von Hermann Hesse und Joseph von Eichendorff, und der Komponist behandelt in ihnen vor dem Hintergrund des vergangenen Krieges wie auch in Gewärtigung des eigenen, baldigen Todes die ewigen Themen Tod und Abschied. Wohl keine Sängerin von Weltklasse, die diese Lieder nicht live gesungen oder auf Schallplatte respektive CD aufgenommen hätte. In meiner Lieblingsaufnahme leiht die unvergleichliche Gundula Janowitz diesem Abschied ihre wunderbare Stimme, die mit dem Orchester zu verschmelzen scheint.

9. Sagte ich eingangs mindestens neun Aufnahmen? Acht Einspielungen habe ich Ihnen kurz vorgestellt; die

neunte, ultimative, die ins Gepäck gehört, ist das Neujahrskonzert der Wiener Philharmoniker vom 1. Januar 1987. Vierzig Jahre, nachdem er im selben Goldenen Saal mit den Wienern zusammengekommen war, um Werke der Strauß-Dynastie für die EMI aufzunehmen, stand Herbert nun ein letztes Mal, diesmal vor festlich gestimmtem Publikum, an diesem geschichtsträchtigen Dirigentenpult, um all seine Empathie für die Walzer, Polkas und Märsche einzubringen. Diese Aufnahme habe ich mir bis zum Schluss aufgehoben, weil sie aus Herberts Sicht wohl eine der schönsten und wehmütigsten seines Lebens wurde. Unsagbar schön, weil sich das Orchester an diesem Vormittag selbst übertraf, wehmütig, weil ich ahnte, es könnte auch ein Abschied von der Musik der »Sträuße« sein.

Apropos: Am liebsten würde ich den Reigen der Karajan-Aufnahmen auf hundert, auf zweihundert erweitern, was leider das zulässige Höchstgewicht unseres Gepäcks bei weitem überschreiten würde. Aber wann immer Sie Gelegenheit haben, eines der oben genannten Werke zu hören – sei es live, sei es auf CD –, lassen Sie sich vom Zauber dieser Melodien verführen; und vielleicht geht es Ihnen dann wie mir: Sie spüren, dass es genau die Musik ist, die uns allen Sternstunden des Lebens beschert.

Das »Wunder Karajan«

1938 berichtete die *Berliner Zeitung* vom »Wunder Karajan« und bejubelte unter dieser Schlagzeile seine fulmi-
nante Aufführung von *Tristan und Isolde* an der Berliner
Oper, mit der dieser junge, aufstrebende Dirigent aus
dem fernen Österreich Publikum wie Kritiker zu Begeis-
terungsstürmen hinriss. Ein Wunder, das liegt nun einmal
in der Natur der Sache, beschreibt in der Regel etwas,
das sich dem Verstand entzieht und uns an die Grenzen
dessen führt, was wir erfassen können. Ein Wunder lässt
uns staunen und wieder an Dinge glauben, die zwischen
Himmel und Erde anzusiedeln sind. Nachdem ich das
Glück hatte, über einunddreißig Jahre an der Seite des
»Wunders Karajan« zu verbringen, möchte ich Ihnen –
wie eingangs geschildert – noch weitere Begebenheiten
aus seinem Leben erzählen. Ich beschränke mich hier auf
die Episoden und Ereignisse, die Ihnen neue und unbe-
kannte Aspekte dieses leidenschaftlichen Dirigenten, der
meist in den unsichtbaren Sphären überirdischer Musik
schwebte, aber durchaus irdische Züge besaß, in seiner
ganzen Vielseitigkeit aufzeigen.

Zwei Wunder begegnen sich

Es war Magie auf den ersten Ton! Erstmals hörte er sie in Mailand an der Scala, als Lucia di Lammermoor von Gaetano Donizetti, und er wusste augenblicklich, dass er »seine Lucia« gefunden hatte. Herbert war von MARIA CALLAS' Stimme wie elektrisiert, wobei nicht primär ihre gesangstechnische Perfektion im Vordergrund stand, sondern ihre außerordentliche Musikalität, ihre besondere Wort-Musik-Behandlung, die Darstellungskraft und Verwandlungsfähigkeit. Mit der größten und besten Operndiva aller Zeiten, der *Primadonna assoluta*, deren Stimme drei Oktaven umfasste, inszenierte Herbert 1956, noch vor seiner Bestellung als Musikdirektor in Wien, eine Aufführung der Mailänder Scala an der Wiener Staatsoper. Die Callas war absolut umwerfend, ihre Schlussarie »il dolce suono« – die als Wahnsinnsarie in die Geschichte eingegangen ist – musste sie wiederholen, denn das Publikum raste derart, dass die Aufführung sonst gar nicht hätte weitergehen können. Der Erfolg war selbst nach Karajan'schen Maßstäben überwältigend. Und die Callas? Nach der Vorstellung kniete sie sich vor Herbert nieder und küsste seine Hand.

Keine Frage, dass diese Verbindung nach einer Fortsetzung verlangte. Herbert wollte mit Maria seine erste Saison in Wien beginnen, doch ihr damaliger Ehemann und Manager Giovanni Battista Meneghini ließ das Projekt durch unbotmäßige Gagenforderungen platzen. Die Callas erhielt damals bereits absolute Höchstgagen; als sie dann aber für einen Abend 75 000 Schilling verlangte – was heute über 5000 Euro entspricht – und sie auf die

181

von Herbert am Ende des Pokers gebotenen 72 000 immer noch nicht einstieg, meinte er nur lapidar: »Schön, dann eben nicht.«

Auch wenn Herbert aus professioneller Sicht wohl der größte Verehrer von Maria Callas war, weil sie von allen Sängerinnen, mit denen er je gearbeitet hatte, die allerhöchsten Ansprüche an sich selbst stellte, blieb ein Nein von ihm eben ein Nein. Beide bedauerten das Ende ihrer Zusammenarbeit auf der Bühne; privat fanden sie glücklicherweise bei einem Essen in Paris 1960 wieder zusammen, das ihr Produzent für Maria, ihren damaligen Freund Aristoteles Onassis, Herbert und mich arrangiert hatte.

Wenige Monate vor ihrem Tod im September 1977 habe ich Maria Callas in ihrer Wohnung in Paris noch einmal besucht und fand eine sehr einsame Frau vor, die nur noch in der Vergangenheit lebte. Es hat mir schier das Herz zerrissen, diese einst so gefeierte Diva mit der göttlichen Stimme in diesem bedauernswerten Zustand zu sehen.

Und noch ein Wunder

GLENN GOULD war ein absoluter Individualist, meinem Mann nicht unähnlich. Beide liebten ein scharf artikuliertes Spiel, beide zerlegten die Musik wie Wissenschaftler. Doch da enden auch schon die Gemeinsamkeiten oder könnten Sie sich etwa vorstellen, dass Herbert vor einem Konzert etwas seltsam anmutende Rituale durchführte? Nun, der Kanadier veranstaltete einen regelrechten Kult, bevor er in die Tasten griff: Er tauchte seine Hände in warmes Wasser, aber bitte Körpertemperatur. Gould litt unter starken Kreislaufproblemen und hatte deswegen immer kalte Hände. Exakt das, was ein Pianist bei einem Konzert am wenigsten brauchen kann. Thank God, bestand er auf stets aufgeheiztem Wasser – die Welt wäre um einiges ärmer, müsste sie auf seine unerreichten *Goldbergvariationen* verzichten.

Herbert und weitere Dompteure

Das große Vorbild meines Mannes war ARTURO TOSCANINI (1867–1957). Um den weltweit verehrten italienischen Dirigenten bei seinen Proben zu beobachten, fuhr Herbert im Frühjahr 1930 nach Wien, wo der Maestro mit dem Ensemble der Mailänder Scala an der Staatsoper Aufführungen von *Falstaff* und *Lucia di Lammermoor* vorbereitete, und einige Monate später sogar eigens mit seinem Motorrad die ganze Strecke von Salzburg nach Bayreuth. Im Sommer 1950 traf Herbert mit ihm anlässlich eines Gastspiels der Wiener Symphoniker und des Singvereins in Mailand zusammen. Mein Mann leitete dort die Aufführungen der *Missa Solemnis* von Beethoven und der *h-Moll-Messe* von Bach, Toscanini dirigierte zur gleichen Zeit mit Musikern der Scala das *Requiem* von Verdi. Besonders Toscaninis Verdi-Aufnahmen, die dieser nach dem Zweiten Weltkrieg einspielte, dienten Herbert stets als Ansporn.

Den zweiundzwanzig Jahre älteren WILHELM FURTWÄNGLER (1886–1954) bewunderte mein Mann wegen seiner

183

charismatischen Ausstrahlung; selbst die verwöhnten Berliner Philharmoniker fraßen dem Maestro aus Schöneberg quasi aus der Hand und ließen sich von ihm zu Höchstleistungen animieren. Die Bewunderung blieb jedoch sehr einseitig. Furtwängler muss das große Talent meines Mannes erkannt und gefürchtet haben, sonst hätte er ihn nicht so vehement bekämpft. Schon in den späten dreißiger Jahren sah er in ihm einen gefährlichen Konkurrenten und soll wütend geworden sein, wenn nur der Name meines Mannes fiel. Furtwängler sprach deshalb auch immer nur von »Herrn K«, sobald die Rede von Herbert war.

Ein anderer Zeitgenosse Furtwänglers hingegen, der italienische Dirigent und Komponist VICTOR DE SABATA (1892–1967), erwies sich als wichtiger Mentor meines Mannes. Er war einer der Ersten, der Herbert eine Weltkarriere voraussagte.

Das Verhältnis meines Mannes zu KARL BÖHM (1894 bis 1981) würde ich als pragmatische Beziehung zwischen zwei Österreichern bezeichnen. Böhm war von 1954 bis 1956 zum zweiten Mal Direktor der Wiener Staatsoper. Als er 1956 von einer längeren Amerikatournee nach Wien zurückkam, gab es Protestkundgebungen im Opernhaus während einer von ihm dirigierten Vorstellung. Der »Stehplatz«, auch als das Publikum auf den billigen Plätzen bezeichnet, warf ihm vor, zu wenig in Wien präsent zu sein. Daraufhin legte Böhm umgehend sein Amt nieder; zu seinem Nachfolger wurde mein Mann berufen. In den sechziger Jahren stand Böhm dann wieder, auf Bitten meines Mannes, dem Opernhaus vermehrt als Dirigent zur Verfügung. Herbert und Böhm haben in jenen Jahren ihr Repertoire aufeinander abgestimmt, insbesondere was Mozart- oder Richard-Strauss-Opernaufführungen in Wien und in Salzburg anbelangte.

Den US-amerikanischen Dirigenten ungarischer Abstammung GEORGE SZELL (1897–1970), der 1946 als Chefdirigent das Cleveland Orchestra übernahm und zu einem der besten Orchester der Welt formte, betrachtete Herbert als äußerst ernstzunehmenden Konkurrenten. Im Sommer 1967, als das amerikanische Eliteensemble in Salzburg gastierte, kam es zu einem »Zusammenspiel« der beiden Taktstockgiganten: Szell leitete zwei, Herbert das dritte Konzert. Zwei Wochen später wurde das erfolgreiche Gastspiel in Luzern wiederholt.

Herbert und OTTO KLEMPERER (1885–1973) waren nach dem Krieg für die EMI die beiden wichtigsten Dirigenten. Klemperer, der 1933 in die USA emigriert war, arbeitete ab 1954 hauptsächlich mit dem London Philharmonia Orchestra; ab 1959 erhielt er den Posten des Chefdirigenten auf Lebenszeit. Mein Mann ließ sich von der dominanten Persönlichkeit des Kollegen nicht einschüchtern und konnte herzlich über dessen sarkastischen Humor lachen.

In dieser Aufzählung darf auch der Russe JEWGENI MRAWINSKI (1903–1988), der von 1938 an bis zu seinem Tod Musikdirektor der Leningrader Philharmoniker [heute: St. Petersburger Philharmoniker] war, nicht fehlen. Dieser legendäre Dirigent, der das beste Orchester der Sowjetunion leitete, war meinem Mann in seiner ökonomischen Dirigierweise sehr ähnlich – auch Mrawinski stand wie ein Fels auf dem Pult und geizte mit jeder Bewegung.

Der wohl glühendste Verehrer meines Mannes aus der »Zunft« war CARLOS KLEIBER (1930–2004). Der menschenscheue und von Selbstzweifeln geplagte, österreichisch-argentinische Dirigent lehnte trotzdem das Angebot ab, Herberts Nachfolge bei den Berliner Philharmonikern anzutreten, weil er nur Gastdirigent bleiben wollte. Kleiber trat sehr selten öffentlich auf, des Maestros Lampenfieber und seine Angst, den Gehalt eines Werkes zu verfehlen, waren kaum zu bändigen. Ab 1980 kam Kleiber jedes Jahr nach Salzburg, um den Proben für die Osterfestspiele beizuwohnen; am Tag vor der Premiere reiste er jedoch regelmäßig ab. Die Erlaubnis, dem so bewunderten Herbert über die Schulter schauen zu dürfen, hatte er schriftlich eingeholt, und sein Schreiben mit »Carlos Kleiber, Kapellmeister in München« unterzeichnet. Herbert, der ihn sehr schätzte, sagte umgehend zu und unterschrieb seinen Brief mit »Herbert von Karajan, Kapellmeister in Salzburg«. Ein paar Wochen nach Herberts Tod begegnete ich Carlos Kleiber bei meinem Abendspaziergang in der Nähe unseres Hauses in Anif. Er sprach mich höflich an – ohne mich wiederzuerkennen – und fragte mich, wo sich das Karajan-Haus befinde. Ich wies ihm den Weg, ohne ihm zu zeigen, dass ich ihn sehr wohl erkannt hatte.

Für eine Reihe jüngerer Kollegen setzte sich Herbert mit Verve ein. Zu ihnen gehören der italienische Dirigent CLAUDIO ABBADO (*1933), der auf Herberts Wunsch hin 1965 bei den Salzburger Festspielen sein Debüt gab, der italienische Dirigent RICCARDO MUTI (*1941), der sich 1971 mit *Don Pasquale* vorstellte und 1982 eine viel beachtete *Così fan tutte* in Salzburg folgen ließ, der japanische Dirigent SEIJI OZAWA (*1935), der sich bei meinem Mann oft Ratschläge einholte, und schließlich der amerikanische Dirigent und Pianist JAMES LEVINE (*1943), der die längste *Zauberflöten*-Serie (von 1978 bis 1985) in der Geschichte der Salzburger Festspiele betreute.

Zwei Dirigenten, die den von meinem Mann in Berlin initiierten Dirigentenwettbewerb gewonnen haben, gehören heute zu den ganz Großen: Das sind der Lette MARISS JANSONS (*1943), der den Wettbewerb 1971 gewann und seit Herbst 2003 als Nachfolger Lorin Maazels Chefdirigent beim Symphonieorchester des Bayerischen Rundfunks ist, sowie der Russe VALERY GERGIEV (*1953), der den Wettbewerb 1976 gewann und seit Januar 2007 neuer Chefdirigent des London Symphony Orchestra ist.

Herbert und die Artisten der Stimme

Bei einem Vorsingen für eine Platten-Aufnahme der *Missa Solemnis* von Ludwig van Beethoven entdeckte Herbert 1974 AGNES BALTSA und prägte die Karriere der griechischen Mezzosopranistin und Kammersängerin in den folgenden Jahren. Unter seiner Leitung trat sie zwi-

187

schen 1974 und 1989 insgesamt dreiundsiebzig Mal auf. Allerdings kam es 1986 zu einer ernsthaften Auseinandersetzung zwischen den beiden eigensinnigen Persönlichkeiten. Es ging um Ausstattungsfragen: Mein Mann wollte aus optischen Gründen, dass Baltsa als Carmen in Georges Bizets gleichnamiger Oper Schuhe mit Absätzen trug, wogegen sich die temperamentvolle Griechin heftigst zur Wehr setzte. Sie empfand das für eine Zigeunerin als unpassend und trat zum großen Missfallen meines Mannes bei einer Probe barfuß auf die Bühne. Als sie zudem noch behauptete, sie könne und wolle nicht mit voller Kraft singen, erwiderte Herbert sarkastisch: »Sie sind nur krank, weil Sie barfuß sind.«

Die Stimme von LEONTYNE PRICE, das unverwechselbare Timbre der ersten schwarzen Diva im internationalen Konzert- und Opernbetrieb, faszinierte Herbert auf der Stelle. Sie kam in die Carnegie Hall zum Vorsingen, wo er im März 1955 während seiner ersten Amerika-Tournee mit den Berlinern gastierte. Herbert ließ es sich nicht nehmen, sie am Klavier zu begleiten, und prophezeite ihr eine große Zukunft. Am 24. Mai 1958 debütierte Price als Aida an der Wiener Staatsoper unter der Leitung meines Mannes, womit ihr der internationale Durchbruch gelang.

Ähnlich weitsichtig sah er die große Karriere von GRACE BUMBRY voraus. Bumbry, sowohl Sopran- als auch Mezzosopransängerin, stammt aus dem amerikanischen Bundesstaat Missouri und ging Anfang der sechziger Jahre als erste »Schwarze Venus« von Bayreuth in die Operngeschichte ein. Herbert holte die große Wagner-

und Verdi-Spezialistin 1966 und 1967 als seine *Carmen* nach Salzburg.

FRANCO BONISOLLI, der singende Skilehrer aus Cortina d'Ampezzo, wie er von manchen scherzhaft genannt wurde, war ein Naturtalent und einer jener wenigen Tenöre, die über ein sicheres »hohes C« verfügten. Die »Stretta« des Manrico aus Verdis *Troubadour* gehörte zu seinen Glanznummern. Im April 1978 löste er bei der Generalprobe an der Wiener Staatsoper einen Skandal aus: Er sang nicht voll aus, woraufhin das Publikum seinem Missfallen unverhohlen Ausdruck gab. Das erzürnte Bonisolli derart, dass er sein Plastikschwert meinem Mann vor die Füße warf und wutschnaubend von der Bühne verschwand.

Der stolze und attraktive Spanier PLÁCIDO DOMINGO erfüllte Herberts ästhetische Vorstellungen eines Bühnendarstellers auf ideale Weise. Nicht nur den Tenor LUCIANO PAVAROTTI, dessen Stimme Herbert einmal als Jahrhundertstimme bezeichnete und der unter seiner Leitung an der Wiener Staatsoper 1977 den Manrico sang, sondern auch die Sopranistin MONTSERRAT CABALLÉ hätte er gern schlanker gewusst – mit ein Grund dafür, dass Pavarotti in zweiundzwanzig Jahren nur elf Mal auf Herberts Besetzungsliste stand und nur in einer seiner Videoaufzeichnungen zu sehen ist. Herbert nahm es eben nicht nur mit den künstlerischen, sondern auch mit den optischen Effekten, die ihm vorschwebten, sehr ernst.

Die letzte gemeinsame Produktion mit Domingo war zugleich Herberts letzte Opernaufnahme, Verdis *Mas-*

189

kenball im Januar/Februar 1989; die Umsetzung dieser Produktion auf der Bühne im darauffolgenden Sommer war Herbert nicht mehr vergönnt. Ich glaube es kaum, gerade neun Mal haben die beiden zusammengearbeitet, sieben Mal in Salzburg *(Don Carlos)* und zwei Mal in Wien *(Troubadour)*.

JOSÉ CARRERAS pflegte mit Herbert eine zwölf Jahre währende, intensive künstlerische Beziehung. Unter seiner Leitung bewältigte der lyrische Tenor auch Heldenrollen, eine absolute Ausnahme, die von dem sensiblen Katalanen alles abverlangte. Als Carreras 1987 auf dem Höhepunkt seiner Karriere an akuter lymphatischer Leukämie erkrankte und trotz schlechter Prognose dank einer Knochenmarkstransplantation durch den Nobelpreisträger Edward Donnall Thomas die Krankheit überwinden und seine Gesangskarriere wieder aufnehmen konnte, war Herbert überglücklich.

A star is born

»Man kann sie nicht als Talent bezeichnen, sie ist einfach ein Genie auf der Geige«, sagte Herbert einst über die deutsche Geigerin ANNE-SOPHIE MUTTER. Mit dreizehn hatte sie bereits zwei Musikwettbewerbe gewonnen und spielte Herbert im Dezember 1976 zum ersten Mal in Berlin vor. Er war so begeistert von ihr, dass er sie auf Anhieb für das folgende Jahr als Solistin in Mozarts *G-Dur-Konzert* für die Salzburger Pfingstfestspiele engagierte. Mein Mann legte ihr daraufhin das Studium des Beetho-

ven-*Violinkonzertes* ans Herz, das sie ihm ein Dreivier-
teljahr später in Luzern präsentierte. Nachdem das erste
kleine Solo ohne Orchester verklungen war, kommen-
tierte Herbert ihr Spiel mit den Worten: »Kommen Sie
nächstes Jahr wieder.« Ein außergewöhnlicher Beginn
einer dreizehnjährigen, äußerst fruchtbaren künstlerischen Verbindung, nicht wahr? Auch wenn viele Künstler meinen Mann als streng schilderten, sagte Anne-
Sophie einmal in einem Interview, sie habe sich in den
Konzerten dank Herbert wie auf Händen getragen gefühlt. Vivaldis *Vier Jahreszeiten*, die sie unter seiner Leitung mit den Berliner Philharmonikern einspielte, ist bis
heute eine der meistverkauften Platten in der Geschichte
der EMI.

Jewgeni Kissin war ein echtes Wunderkind; er hatte bereits mit zwölf Jahren das Eröffnungskonzert des Mos-
kauer Tschaikowsky-Wettbewerbs bestritten. Arabel erinnert sich noch heute mit Verblüffung daran, dass ihrem
Vater, der tagtäglich mit den besten Solisten der Welt zu
tun hatte und Sternstunden folglich gewohnt war, Tränen
in die Augen stiegen, als ihm 1987 der damals gerade
sechzehnjährige russische Pianist Maurice Ravels *Gas-
pard de la nuit* vortrug. Der junge Russe war in Begleitung seiner Mutter, seiner Klavierlehrerin und seiner
deutschen Agentin erschienen. Nach dem Vorspiel deutete Herbert auf Kissin und sagte zu dessen Mutter nur:
»Genious.«

Was für die Solisten galt, traf auch auf die Chormitglie-
der zu: Herbert scheute keine Mühen, um die optischen

191

und musikalischen Effekte, die ihm vorschwebten, auf die Bühne zu bringen. Es traf sich gut, dass er im September 1964 mit dem Chor und Orchester der Mailänder Scala im Bolschoi-Theater gastierte und sich vor Ort für *Boris Godunow* inspirieren lassen konnte. Für die insgesamt vierzehn Aufführungen im Salzburger Festspielhaus in den Sommern 1965 bis 1967 trat neben dem Chor der Wiener Staatsoper auch der CHOR DER KROATISCHEN NATIONALOPER ZAGREB auf, um das slawische Kolorit zu betonen. Für seine Schallplattenaufnahme im November 1970 engagierte Herbert zum Staatsopernchor den CHOR VON RADIO SOFIA hinzu, da seiner Ansicht nach nur slawische Sänger die Glut der russischen Seele glaubhaft auf die Bühne bringen konnten.

Herbert und das Orchestre de Paris

Frankreichs Präsident Charles de Gaulle hatte Anfang der sechziger Jahre im Zuge seiner kulturpolitischen Ambitionen die Idee, in Paris ein Orchester von Weltrang zu etablieren, das vorwiegend französisches Repertoire zur Aufführung bringen sollte. Seine Vorbilder dafür waren das London Philharmonia Orchestra in Großbritannien oder die Berliner und Wiener Philharmoniker in Deutschland beziehungsweise Österreich. Sein damaliger Kulturminister André Malraux beauftragte den französischen Dirigenten Charles Münch mit der anspruchsvollen Aufgabe, dieses Orchester zusammenzustellen. Münch war nach Ende des Zweiten Weltkriegs dreizehn Jahre lang Musikdirektor des Boston Symphony Orchestra gewesen und konnte 1967 das Orchestre de Paris der Öffentlichkeit vorstellen. Doch bereits ein Jahr später starb Charles Münch während seiner ersten Amerikatournee mit den Parisern im Alter von siebenundsiebzig Jahren an Herzversagen. Mein Mann, der Münch sehr schätzte, wurde daraufhin gebeten einzuspringen. Seine zweijährige Liebesbeziehung als »Conseiller musical« des Orchesters begann am 14. Juli 1969 in Aix-en-Provence mit der *Symphonie phantastique* von Hector Berlioz und endete im Juli 1971 ebenfalls in Aix; dazwischen gab es ein gutes Dutzend Konzerte unter seiner Leitung in Paris und in Rouen, unter anderem das *Deutsche Requiem* von Brahms in Paris am 1., 2. und 3. Oktober 1969 in memoriam Charles Münch. Darüber hinaus spielte Herbert mit dem Orchestre de Paris drei Langspielplatten für die EMI ein: die *d-Moll-Symphonie* von César Franck; die einzige Symphonie des französischen Komponisten gibt es auf Platte auch nur in dieser Aufnahme mit meinem Mann; außerdem das *Klavierkonzert* von Tschaikowsky mit dem bulgarischen Pianisten Alexis Weissenberg am Klavier sowie im Juni 1971 eine reine Maurice-Ravel-Platte mit *La Valse, Rapsodie Espagnole, Le Tombeau de Couperin* und *Alborada del gracioso*.

Den Wunsch der Franzosen, sich fester an das Orchestre de Paris zu binden, musste Herbert zu seinem großen Bedauern ausschlagen: In New York wartete damals gerade eine *Ring*-Inszenierung auf ihn, außerdem war er durch seine Verpflichtungen mit den Berliner Philharmonikern und gegenüber den Salzburger Sommerfestspielen bis an den Rand seiner Kapazitäten ausgelastet.

193

»Die Mutter der Kompanie«

Falsch, dieser Ehrentitel wurde nicht mir, sondern meinem Mann zuteil, und zwar deshalb, weil er sich wie eine besorgte Mutter um die Belange seiner Truppe kümmerte. So stellte er bereits 1956 auf seiner zweiten Amerikatournee mit den Berlinern die äußerst ungewöhnliche Forderung, dass jeder Musiker sein eigenes Zimmer bekommen solle. Bis dahin mussten die Orchestermitglieder in Zwei- oder gar Dreibettzimmern übernachten, was Herbert für inakzeptabel hielt: Wer jeden Tag Höchstleistung vollbringen muss, hat Anrecht auf ungestörte Nachtruhe. Einleuchtend, nicht wahr, denn wer findet schon bei nächtlichen »Schnarchorchestern« genügend Erholung.

Herbert half viel und gerne, legte aber großen Wert darauf, dass nichts davon publik wurde. So sorgte er beispielsweise für die optimale ärztliche Betreuung des irischen Soloflötisten James Galway, bei den Berliner Philharmonikern von 1969 bis 1975, nachdem dieser einen schweren Autounfall in der Schweiz erlitten hatte. Diese »Intervention« wäre nie öffentlich bekannt geworden, wenn Galway nicht viele Jahre später in einem Interview darüber gesprochen hätte.

Herbert, der Probenfanatiker

»Ein guter Reiter treibt sein Pferd nicht über das Hindernis, sondern er führt es so heran, dass es das Natürliche tut und von selbst hinüberspringt.« So erläuterte es einmal Herbert, und es lässt sich kein treffenderer Vergleich finden, wenn man die Art und Weise beschreiben will, wie mein Mann seine Aufgabe als Dirigent verstand. Was auf der Bühne so leicht und geradezu schwebend wirkte, basierte allerdings auf seiner Passion für Perfektion und Präzision. Pro Konzert setzte mein Mann mindestens vier Proben mit dem Orchester an. Außer mir durfte niemand anwesend sein, weder Musikstudenten noch Angestellte des jeweiligen Hauses, in dem er gerade mit seinem Orchester auftrat. Ausnahmen ließ er eigentlich so gut wie nie zu: Er wollte seine ganze Kraft und Energie der Musik zur Verfügung stellen, und das ging am besten, wenn er mit seinen Musikern allein war.

Ich nahm immer in der achten Reihe im Parkett Platz. Das ist – unter akustischen Gesichtspunkten betrachtet – der ideale Ort, um das Geschehen zu beobachten und fundiert kommentieren zu können, wie wir es zu zweit am Abend zu Hause ausführlich taten. In meinem Leben habe ich so an die tausend Orchesterproben miterlebt und ich kann Ihnen versichern, dass jede einzelne etwas ganz Besonderes für mich war, und zwar selbst dann, wenn der Komponist oder das Werk nicht zu meinen Favoriten zählte oder wenn ich die Symphonie schon zum hundertsten Mal gehört hatte. Das, was mir bei den Proben präsentiert wurde, war Musik auf höchstem Niveau. Auf diese Weise an klassische oder zeitgenössische Musik herangeführt zu werden, empfand ich als eines der größten Geschenke, mit denen Herbert mein Leben bereicherte.

Wenn etwas bei den Proben nicht so umgesetzt wurde, wie er es sich in den Kopf gesetzt hatte, äußerte er Kritik –

aber erst, nachdem der entsprechende Musiker sein Spiel beendet hatte. Auf seinem Pult lagen weder Stift noch Papier für Notizen bereit; Herbert registrierte alles, was ihm missfiel, im Kopf. Seine vibrierende Präsenz war ungeheuerlich, mit einer kleinen Bewegung des Takt-stocks führte er das ganze Orchester und alle akzeptier-ten bedingungslos seine Autorität.

Die wenigen Minuten, die er sich und dem Orches-ter während der Proben als Pause gönnte, nutzte er, um wichtige organisatorische Angelegenheiten zu regeln. Er empfing dann Konzertagenten, Vertreter von Plattenfir-men oder auch Fotografen in seiner Garderobe oder sei-nem Arbeitszimmer. Im Anschluss an die Proben nahm sich Herbert die Zeit, mögliche neue Orchestermitglieder anzuhören; die Geiger, Cellisten, Bläser oder Harfenistin-nen, die schließlich zu ihm vorgelassen wurden, hatten im Vorfeld bereits dem Konzertmeister ihr Können demons-triert.

Zu den Proben habe ich auch oft die Kinder mitgenom-men, die sich bis heute sehr gern daran erinnern. Einmal saß Arabel auf meinem Schoß, sie mag vielleicht sechs Jahre alt gewesen sein. Herbert probte damals mit den Berliner Philharmonikern gerade das »Adagio« aus der *Sinfonia concertante* für Bläser und Orchester von Mo-zart, als sie mich mit ihren großen Kinderaugen anblickte und fragte: »Mami, es ist so schön, darf ich einschlafen?«

Nach dem Konzert ist vor dem Konzert ...

In Anlehnung an den berühmten Satz von Sepp Herberger nehme ich Sie mit in die kribbelige Phase, wenn die Anspannung am höchsten ist, allerdings nicht für Herbert, sondern für mich. Eine halbe Stunde vor Beginn eines Konzertes suchten wir den jeweiligen Veranstaltungsort auf. Über den Hintereingang gingen wir direkt ins Dirigentenzimmer. Herbert trank noch eine Tasse Tee oder ein Glas Wasser; in der Regel sprachen wir nur wenig, denn er konzentrierte sich auf seinen bevorstehenden Einsatz.

Irgendwann klopfte es dann an der Tür, und der Orchesterwart trat ein: »Herr von Karajan, das Orchester sitzt.« Das war der Moment, in dem ich die Garderobe verließ und den für mich reservierten Platz ansteuerte. Ich weiß, dass sich manche Zuschauer darüber wunderten, dass noch jemand so knapp vor Konzertbeginn in den Saal hineingelassen wurde. Das war eben auch eines der Privilegien, das ich als Ehefrau des Maestros besaß. Und es wurde mir zur Gewohnheit. Auch heute, Jahrzehnte nach seinem Tod, suche ich Konzertvorstellungen immer erst in letzter Minute auf.

Eigentlich ist es nach Konzertveranstaltungen üblich, dass sich die Musiker bei einem Glas Wein zusammensetzen und gemeinsam feiern. Oft gibt es sogar offizielle Feiern, zu denen auch die Honoratioren der jeweiligen Stadt und andere Kulturschaffende geladen sind.

Herbert war nach einem Konzert die Ruhe in Person. Anders als viele seiner Kollegen zog er es vor, sich mit mir in vertrauter Umgebung zurückzuziehen. In Anif oder in Wien schwammen wir zuerst noch eine halbe Stunde

197

in unserem Swimmingpool, bevor wir das gemeinsame Abendessen einnahmen. Anschließend rauchte er genüsslich seine Zigarette – immer nur eine pro Tag – und trank dazu einen kleinen Schluck Whisky.

Herbert und die Klangästhetik

Ausgestattet mit einem absoluten Gehör, suchte mein Mann zeit seines Lebens den perfekten Klang in der Musik. Deshalb hat er beispielsweise die Berliner Philharmoniker erst zwei Jahre lang »geformt«, bevor er mit ihnen seine erste Schallplatte aufnahm. Seinen Perfektionismus hat er zum Schrecken der Schallplattenfirmen vielleicht auch bisweilen übertrieben – wie etwa bei der Einspielung der *Variationen op. 31 für Orchester* von Arnold Schönberg, die eines der komplexesten Werke dieses Komponisten sind. Die einzelnen Variationen sind von unterschiedlicher Länge – zwischen fünfunddreißig Sekunden und knapp drei Minuten – und werden entweder vom gesamten Orchester gespielt oder sind kammermusikalisch reduziert. Bei besagter Aufnahme mussten für jede der *Variationen* auf Wunsch meines Mannes die Mikrofone umgestellt und die Pegeleinrichtungen neu justiert werden. Kein Wunder also, dass sich die Aufnahme des insgesamt nur etwa zwanzig Minuten dauernden Werkes von Dezember 1972 bis Februar 1974 hinzog und damit auch die Kosten ins Unermessliche stiegen. Doch das Ergebnis ist bestechend: Keiner anderen Aufnahme ist es in meinen Augen gelungen, die Transparenz dieses Stückes derart klar herauszuarbeiten. So sah es auch Herbert: Er wusste genau, dass die raffinierten technischen Möglichkeiten im Studio nicht während eines »normalen« Konzertes angewendet werden konnten und hat deshalb die Schönberg *Variationen* anschließend nie mehr öffentlich aufgeführt.

Eine große Unterstützung stellte die lebenslange Freundschaft mit dem Sony-Chef Norio Ohga dar. Ohga war nicht nur ein genialer Geschäftsmann; als junger Mann hatte er zunächst eine Musikerkarriere im Kopf und ließ sich in den fünfziger Jahren in München und Berlin zum Bariton und Dirigenten ausbilden. Damals traf er erstmals mit Herbert zusammen, woraus sich eine Verbindung ergab, die sowohl für die künstlerische wie auch für die technische Entwicklung des Mediums Schallplatte historisch bedeutsam war: Herbert, stets auf der Suche nach der immer perfekteren, schöner klingenden, für die Ewigkeit haltbaren Aufnahme der unsterblichen Meisterwerke, und der technikkundige, tüfftel- wie innovationsfreudige Manager aus dem fernen Osten, bildeten ein unschlagbares Gespann. Als Ergebnis ihrer unermüdlichen Anstrengungen trat die Compact Disc ihren Siegeszug um die Welt an.

Mein Mann konnte seine Ansprüche bezüglich der Qualität von Schallplattenaufnahmen eigentlich immer durchsetzen; auch ausgefallene und aufwendige Wünsche erfüllten die Plattenfirmen, aber einmal im Jahr musste Herbert ihren Marketingideen nachkommen. Die »ungewöhnlichsten« Einspielungen, die aus diesem Deal entstanden sind, möchte ich Ihnen nicht vorenthalten: Für die Deutsche Grammophon hat er alle Nationalhymnen Europas inklusive der »Europa-Hymne« mit den

Berliner Philharmonikern im Jahr 1972 eingespielt und im März 1973 die Doppel-LP »Preußische & Österreichische Märsche«(unter anderem mit einer Friedrich dem Großen zugeschriebenen Komposition und den Tiroler Holzhackerbuab'n), für die EMI im Dezember 1980/81 »Opernintermezzi« (unter anderem mit Anne-Sophie Mutter »Méditation« aus *Thaïs*) und im Juni 1961 für die Decca »Christmas with Leontyne Price«. Die Wiener Philharmoniker begleiteten die Operndiva, die unter anderem zwei Strophen von »Stille Nacht, heilige Nacht« in englischer und eine Strophe in deutscher Sprache sang.

Karajan und die Neujahrskonzerte

Als Herbert 1987 sein einziges Neujahrskonzert der Wiener Philharmoniker leitete, musste sich das traditionsbewusste Orchester erst einmal von zwei Traditionen verabschieden. Bis dahin waren seine Vorgänger Clemens Krauss, Willi Boskovsky und zuletzt Lorin Maazel stets als »Serientäter« in Erscheinung getreten. Mit Herberts Auftritt wurde diese Tradition ein für alle Mal beendet. Die zweite Ausnahme betraf den ersten und einzigen Auftritt eines Solisten bei diesem weltweit im Fernsehen übertragenen Ereignis: Die Sopranistin Kathleen Battle trug den *Frühlingsstimmenwalzer* von Johann Strauß vor. Herbert war nach diesem Konzert erschöpft, aber ich habe ihn selten so glücklich und zufrieden erlebt.

Von Präsidenten, Staatschefs und gekrönten Häuptern

Auch wenn wir aufmerksam die Weltereignisse verfolgten, für die Querelen der Tagespolitik interessierte sich
Herbert nicht. Mit einigen Politikern jedoch, die sich als
begeisterte Musikfans und hochbegabte »Amateure« zu
erkennen gaben, verband meinen Mann ein gutes und
besonders sportliches Einvernehmen. Neben Helmut
Schmidt, Bach-Kenner und Pianist, gehörte dazu beispielsweise EDWARD HEATH, Englands Premier von 1970
bis 1974. Sein Instrument war die Orgel, die er nach Herberts Ansicht erstaunlich professionell spielte. Ihre Beziehung war nicht frei von Konkurrenzgedanken: Heath,
wie Herbert ein leidenschaftlicher Segler, gewann mit
seiner Yacht »Morning Cloud« 1971 den prestigeträchti-
gen Admiral's Cup; da konnte Herbert bei allem Sports-
geist nicht mithalten. Und auch als Dirigent erreichte
Heath ein beachtliches Niveau: Nach seiner Amtszeit
nahm Sir Edward den Taktstock in die Hand und trat unter anderem mit dem European Union Youth Orchestra
auf – eine etwas andere »Gewichtsklasse« …

Heath war des Öfteren Gast bei den Oster- und Sommerfestspielen in Salzburg. Auch Lady MARGARET THATCHER
gefiel es bei uns in Anif, wo sie uns während ihrer Amtszeit einmal besuchte. Meinem Mann, ansonsten nicht
leicht zu beeindrucken, imponierten die klugen und prä-
zisen Fragen der Premierministerin außerordentlich, die
seinen und ihren Job, wie sie es ausdrückte, als wesens-
verwandt und autoritätsverpflichtend betrachtete.

201

Mit dem französischen Präsidenten GEORGES POMPIDOU, dem ich es hoch anrechne, wie sehr er sich dafür einsetzte, Paris als Kunstmetropole gegenüber New York zu stärken, und mit seiner Gattin Claude, die sich sehr für Kunst interessierte, waren Herbert und ich gut befreundet. Ich erinnere mich an einen unterhaltsamen Hummerschlemmer-Abend in Saint-Tropez, an dem Gentleman Herbert Madame Pompidou galant behilflich war, das köstliche Fleisch mit einer Gabel aus den Scheren und Beinen des Schalentiers zu ziehen, während Monsieur le Président mir einen humorvollen Einblick in seine vielfältigen Aufgaben als Erster Mann der Republik gewährte.

HENRY KISSINGER, bekennender Fußballfan bis zum heutigen Tag, habe ich vor allem als gefühlvollen Mann in Erinnerung, der sich nicht scheute, seine Emotionen zu zeigen. Bei Herberts letztem Konzert in New York, das ich mit dem ehemaligen Außenminister und Nobelpreisträger von 1973 in seiner Loge verbrachte, zeigte er sich tief bewegt von der Leidenschaft, mit der Herbert – immerhin bereits achtzig Jahre alt – die Musiker durch das Programm führte.

Wohl keiner unter uns, der beim Stichwort »Dallas 1963« nicht an die Ermordung von JOHN F. KENNEDY – Hoffnungsträger einer ganzen Generation – denkt. Herbert war gerade mit einer neuen Schallplattenaufnahme der *Carmen* mit Leontyne Price beschäftigt, als die Nachricht in den Wiener Sophiensaal platzte. Wir alle waren zutiefst erschüttert, Price brach in Tränen aus. Mein Mann bot spontan an, die Aufnahmen für ein paar Tage zu unterbrechen, doch die Diva lehnte ab – sie konnte ihre Betroffenheit am ehesten in Verbindung mit der Musik bewältigen.

Auch für mich war der Tod von Kennedy absolut unfassbar; im Juni 1961 hatte ich zwischen NINA CHRUSCHTSCHOWA und JACQUELINE KENNEDY in der Mittelloge der Wiener Staatsoper, umringt von Dolmetschern und Sicherheitsbeamten, Platz genommen. Es war das erste offizielle Treffen des russischen mit dem amerikanischen Präsidenten, und den gesellschaftlichen Höhepunkt bildete Herberts Konzert. Jacqueline sollte ich noch einige Male treffen, dann an der Seite von ARI ONASSIS, mit dem mich eine gute Freundschaft verband. So flog er uns einmal mit seinem Privatjet zu einem Konzert von Herbert nach Athen. Es war ein wahrhaft königlicher Auftritt im Theater des Herodes Atticus zu Füßen der Akropolis. Neben den Königlichen Hoheiten PAUL und FRIEDERIKE VON GRIECHENLAND sowie SOPHIA und JUAN CARLOS VON SPANIEN müssen auch die Götter im Olymp für einige Augenblicke den Atem angehalten haben, als die Sonne den Himmel verließ und die letzten Strahlen in einem unvergleichlichen Naturschauspiel über die Akropolis und den benachbarten Lykabettos-Hügel schickte. Die beiden Solisten Christian Ferras, Violine, und Pierre Fournier, Violoncello, warteten gerade auf ihren Einsatz, als plötzlich ein irrsinniger Lärm losbrach. Später erfuhren wir, dass dreimal so viele Karten verkauft worden waren, als Platz vorhanden war und enttäuschte Besitzer von Eintrittskarten ihrem Unmut lauthals Luft gemacht hatten.

203

Und zum Schluss des Abschnitts noch diese Geschichte: In St. Moritz, wo wir seit Anfang der sechziger Jahre einen Wohnsitz hatten, den wir vorwiegend im Winter aufsuchten, damit Herbert ausgiebig seiner Ski-Leidenschaft frönen konnte, gaben wir eines Tages eine große Einladung. Ihr Kommen zugesagt hatten der SCHAH VON PERSIEN REZA PAHLAWI und FARAH DIBA, KÖNIG HUSSEIN VON JORDANIEN und der KÖNIG VON SPANIEN. Ganz ehrlich: Wüssten Sie auf Anhieb, wie sie dem letzten Herrscher auf dem Pfauenthron begegnen müssen? Hofknicks oder Verbeugung, nur die Herren oder auch die Damen? Herbert war mir eine echte Hilfe: Schmunzelnd schlug er mir vor, ich solle mir doch – für einen Wintersportort nicht ungewöhnlich – das Bein eingipsen lassen …

Herbert und die göttlichen Stellvertreter

Mein Mann, eher dem Buddhismus zugeneigt, spielte nicht nur vor gekrönten Häuptern, Präsidenten und Staatschefs, auch Gottes Stellvertreter auf Erden wie PAPST JOHANNES PAUL II. und KARDINAL FRANZ KÖNIG oder das religiöse Oberhaupt der Tibeter, der 14. DALAI LAMA, konnten sich dem Zauber der Musik nicht entziehen. Das wahrhaft päpstliche Konzert im Petersdom von 1985 wartet noch eine kleine Anekdote auf, die ich Ihnen an dieser Stelle nicht vorenthalten will: Bei den Proben kam die Diskussion auf, dass jemand den Papst doubeln solle, denn sowohl die päpstliche als auch Mozarts *Krönungs-Messe* sollten komplett durchgespielt werden.

Daraufhin meinte Johannes Paul II. trocken: »Aber, aber, meine Herren, ich bin doch schon der Stellvertreter.«

Beim Treffen mit dem Dalai Lama hatte unser langjähriger Freund Kardinal Franz König seine Hand im Spiel. Herbert und ich waren gerade in Wien und Kardinal König wollte uns im Rahmen seiner interreligiösen Begegnungen zu einem Gespräch mit dem Dalai Lama als Ehrengäste laden. Leider war Herbert unabkömmlich, da er ein Konzert zu dirigieren hatte. Zufällig logierte der Dalai Lama wie wir im Palais Hotel Schwarzenberg. Spät abends, nach dem Konzert, riskierte ich einen Anruf, denn ich wollte uns die Möglichkeit, sei sie auch noch so klein, diesem bedeutenden Mann doch zu begegnen, nicht verscherzen. Ein freundlicher Dalai Lama bedauerte, dass er am nächsten Morgen Wien sehr früh verlassen müsse, aber wie wäre es, zusammen zu frühstücken? Herbert glaubte mir zunächst kein Wort, als ich ihn mit dem Hinweis weckte, dass der Dalai Lama uns beim Frühstück erwarte. Umgehend verließ er das Bett, als er realisierte, dass ich mir keinen Spaß mit ihm erlaubte. Es war eine zutiefst bereichernde Begegnung für uns; Herbert ging es damals körperlich sehr schlecht und ich sorgte mich sehr um ihn. Mein ansonsten so zurückhaltender Mann bat zu meinem Erstaunen den Dalai Lama um Rat, wie er seinen Gebrechen auf geistiger Ebene begegnen könne. Der Dalai Lama riet ihm, sich ganz auf das Wesentliche zu konzentrieren, und nicht zu kämpfen, wenn es von vornherein aussichtslos ist, sondern eine neue Qualität des Denkens und Fühlens anzustreben, um damit auch die Schmerzen in einem anderen Licht zu betrachten. Beim Abschied nahm mich Seine Heiligkeit beiseite und ermunterte mich mit seinem unwiderstehlichen Lächeln, Herbert in seinen Leiden geduldig beizustehen.

Selbstverständlich gibt es Tausende von weiteren Begegnungen mit Herbert, die es alle wert wären, für die Ewigkeit festgehalten zu werden. Lassen Sie mich deshalb schließen mit der Feststellung, dass diese Erinnerungen an meinen Mann in den Herzen der Menschen, die sie bewahrt haben, für immer gut aufgehoben sind.

Schlussakkord

Wie schön, dass Sie mich bis hierhin in meinen Erinnerungen an meinen Mann begleitet haben. Bevor ich mich von Ihnen verabschiede, möchte ich die vielen Begebenheiten, die ich mit Ihnen teilen durfte, mit einem Ereignis ausklingen lassen, für das es keinen besseren Titel als den gewählten gibt.

Ein Akkord ist in der Musik das gleichzeitige Erklingen mehrerer unterschiedlicher Töne, die sich harmonisch deuten lassen. Diese Harmonie – im übertragenen Sinn verstanden – erlebten wir bei Herberts letzten Auftritten in New York in der legendären Carnegie Hall im Februar 1989. In all den Jahren an seiner Seite, in den vielen Hunderten von Konzerten habe ich keine Vorstellungen erlebt, die mir so nahegingen wie diese drei. So unterschiedlich auch das Publikum war, jeden Abend ereignete sich das gleiche Wunder: Nach den »standing ovations« zu Herberts Begrüßung schlang sich ein mystisches Band der Ergriffenheit um die Zuhörer, bis der letzte Ton verklungen war.

Auf Einladung der amerikanischen Freunde des Wiener Philharmonischen Orchesters hatte sich Herbert ein fantastisches Programm für seine letzte USA-Tournee mit den Wienern ausgedacht. Schon Monate im Voraus waren die Konzerte restlos ausverkauft, es wimmelte in den Vorstellungen von Prominenz und Medienvertretern aus aller Welt. Und sie erlebten einen Herbert, der seinem Titel Maestro alle Ehre machte.

Selten habe ich ihn so gut gelaunt, entspannt und scherzend mit den Musikern an den Proben erlebt; obwohl kurz vor seinem einundachtzigsten Geburtstag stehend, setzte Herbert für jeden Tag drei Stunden Proben an – was für die Orchestermitglieder ganz normal war, seine drei extra angereisten Kollegen jedoch zuerst verblüffte und dann voller Respekt verstummen ließ. Daniel Barenboim, Jahrgang 1942, Kurt Masur, Jahrgang 1927, und Seiji Ozawa, Jahrgang 1935, im Vergleich zu Herbert »Jünglinge«, hatten ihre Termine extra so gelegt, dass sie wenigstens an einer Probe teilnehmen konnten, und erzählten mir bei unseren späteren Begegnungen oft, wie lange dieses Erlebnis noch in ihnen nachhallte.

Den ersten Konzertabend verbrachten Arabel und ich in der Ehrenloge mit Henry Kissinger und Plácido Domingo. Unsere Jüngste studierte zu jener Zeit in Boston, und so war es für sie nur ein Katzensprung nach New York gewesen; ich war sehr froh, sie bei uns zu haben, denn wir sahen uns schließlich nicht so oft.

Worte greifen eigentlich viel zu kurz, um zu beschreiben, was sich an diesen Konzerten abspielte; selbst gestandene Männer wie der ehemalige Außenminister Kissinger und Startenor Domingo schämten sich ihrer Tränen nicht. Die Walzerklänge der Strauß-Dynastie sprühten vor Energie und enthielten gleichzeitig eine sehnsuchtsvolle Melancholie, als würde Herbert ahnen,

dass sein erster Auftritt mit den Wienern auch sein letzter Auftritt in New York sein würde.

»Mit Bruckners *8. Sinfonie* (…) haben Karajan und das
Orchester zweifellos New Yorker Musikgeschichte geschrieben. Sie haben das schöne Haus schier zum Ein-
sturz gebracht. Mit einem einzigen aus Hunderten von
Kehlen aufsteigenden Jubelschrei sprang das vielköp-
fige Publikum nach dem Schlussakkord schlagartig auf
die Beine und bereitete dem Dirigenten und dem herrlich
spielenden Orchester ans Delirium grenzende Ovatio-
nen, wie Carnegie Hall sie dem Vernehmen nach noch
niemals erlebt hat«, so formulierte es der Musikkritiker
Klaus Geitel in der *Berliner Morgenpost*, und ich kann
ihm nur voller Überzeugung zustimmen.

Und ich darf Ihnen an dieser Stelle auch sagen, dass
dieser Schlussakkord selbst heute noch in meinem Herzen nachklingt.

»Sag zum Abschied
leise danke«

An den hundertsten Geburtstag von Herbert wird während des ganzen Jahres 2008 mit Konzerten in den Musikmetropolen unserer Zeit, in Fernsehsendungen und Gedenkveranstaltungen erinnert werden. Musiker und Musikerinnen aus aller Welt werden dem Mann, der während seiner Wirkungszeit die klassische Musik mit allen Fasern seines Herzens verbreitete, ihre Reverenz erweisen. Diese vielen Veranstaltungen freuen mich sehr, zeigen sie doch, dass ein Mensch, der sein Leben und Wirken ganz in den Dienst der Musik gestellt hat, nicht vergessen geht und nicht vergessen ist.

Mein Beitrag zu diesem Ereignis ist die Mitwirkung in einem Fernsehfilm von Robert Dornhelm, zudem lege ich Ihnen meine persönlichen Erinnerungen an Herbert vor, in denen Sie gerade blättern und die Ihnen das »Wunder Karajan« etwas näherbringen sollen.

Je weiter die Vorbereitungen zu den Feierlichkeiten gedeihen, desto mehr werde ich von Erinnerungen überwältigt. Wie in einem bunten Reigen tauchen in meinen Gedanken die Weggefährten auf, die Herbert oft ein Leben lang mit ihrer Kompetenz, ihrem Verständnis für seine visionären Anliegen und mit ihrer Bereitschaft, seine kompromisslosen Qualitätsansprüche mitzutragen, begleitet haben. Sie alle namentlich zu nennen, würde den Umfang dieses Buches sprengen und so erwähne ich vor allem diejenigen, die Herbert von Anfang an loyal zur Seite standen:

Michel Glotz, Recording Producer, der stets dafür sorgte, dass im Aufnahmestudio bei aller Verpflichtung gegenüber erstklassiger Arbeit auch die Fröhlichkeit und das Lachen nicht zu kurz kamen.

Den leider vor kurzem verstorbenen Günter Hermans, Toningenieur, der immer den optimalen Klang fand und meinen anspruchsvollen Mann mit seinem Know-how bei unzähligen Aufnahmen in Berlin, Salzburg, St. Moritz und Wien, aber auch aus dem Vatikan zufrieden stellen konnte.

Die Schallplatten-Bosse Günther Breest (Deutsche Grammophon, DG) und Peter Alward (EMI) – die beiden letzten wahren Gentlemen in dieser Branche.

Keiner plante Tourneen so perfekt wie Ronald Wilford, der bei aller Hektik, die Weltreisen eines kompletten Orchesters nun einmal mit sich bringen, stets souverän die Übersicht behielt.

Ein weiterer Dank geht an den Regisseur Peter Gelb, der mit seinem Film *Karajan in Salzburg* eines der berühmtesten Porträts von Herbert gedreht und damit der Nachwelt hinterlassen hat.

Ein spezieller Dank gebührt Leo Kirch und Jan Mojto: Sie waren äußerst geschätzte Geschäftspartner und mehr als das, sie sind wahre Freunde.

Mit großer Sympathie erinnere ich mich an die Treffen – sei es in Japan oder in Europa – mit Akio Morita und Norio Ohga, den beiden Präsidenten von Sony, die Herberts Anregungen und Ideen immer sorgfältig prüften und ihn jeweils mit den neuesten Technologien vertraut gemacht haben.

Mit Wehmut denke ich an meinen Freund Pali Meller Marcovicz, Chefdesigner der DG, zurück, der meine Leidenschaft für die Malerei schätzte und mich neben Herbert ermutigte, meine Bilder für die Schallplattenhüllen der Karajan-Edition »100 Meisterwerke« auf fünfzig LPs der DG zur Verfügung zu stellen.

Immer wenn ich nach Paris komme, freue ich mich, die für die Künstler- und Pressebetreuung der DG Verantwortliche Elisabeth Koehler wiederzusehen, die mein Mann so geschätzt hat.

Es sind nicht mehr viele Orchestermusiker aktiv, die noch mit Herbert gespielt haben. Stellvertretend für alle möchte ich Werner Resel, seinerzeit Vorstand und Cellist der Wiener, und Peter Brem, Violinist der Berliner Philharmoniker, erwähnen.

Keiner setzte sich so unermüdlich als Botschafter für Herberts Vermächtnis ein wie Eberhard von Koerber. Die Organisation und Koordination der unzähligen weltweiten Aktivitäten anlässlich des hundertsten Geburtstages meines Mannes lagen bei ihm in den besten Händen. Mir bleibt, ihm dafür zu danken und auch dafür, dass er mir weiterhin als Berater meines Vertrauens zur Seite stehen wird.

Von den Organisatoren der Festspiele in Salzburg und der Gesellschaft der Musikfreunde in Wien möchte ich an Albert Moser, Hans Landesmann und ganz besonders an Thomas Angyan erinnern. Naturgemäß nahe steht mir das Team der Osterfestspiele; von Anfang an waren es

Lore Salzburger und Beate Burchhard, seit 1998 ist es Michael Dewitte und seine Crew.

Ihnen allen, den Erwähnten und nicht Erwähnten aus unserem musikalischen Umfeld, rufe ich zu: Von Herzen danke!

Mein Dank gilt aber auch den guten Geistern, die im Laufe der Jahrzehnte aufopfernd geholfen haben, in der Schweiz, in Frankreich und in Österreich die komplizierten Tagesabläufe zu organisieren.

Wenn man seine Erinnerung an die Jahre mit einem außergewöhnlichen Menschen festhält, wirbeln einem tausend Dinge durch den Kopf. Meinem Berater Ewald Markl möchte ich dafür danken, dass er mich beim Schreiben stets ermuntert hat und mir half, die vielen, vielen Einzelheiten von Herberts unzähligen Aktivitäten chronologisch zu sortieren.

Meinem Verlag, besonders der bezaubernden Bettina Eltner danke ich für ihre Geduld – Herbert war ein Mann der Musik, ich bin eine Frau der Bilder, und nun mit Hilfe der fantastischen Crew eine Autorin, der die Zusammenarbeit großen Spaß gemacht hat.

Bleibt mir, meinen beiden Töchtern Isabel und Arabel sowie ihren klugen Kindern für ihre Unterstützung zu danken: Ihr Mädels seid einfach wunderbar!

Und einmal mehr: Herbert, für einunddreißig gemeinsame Jahre, von denen ich nicht eine Stunde missen möchte!

ANHANG

Klappe 1 : Karajan, die Erste

Herbert von Karajan war der erste Dirigent, der das ungeheure Potenzial der elektronischen Medien erkannte und zu nutzen wusste. In den fünfziger und sechziger Jahren begann er mit den Regisseuren Paul Czinner und Henri-Georges Clouzot die Musik film- und fernsehtauglich umzusetzen. In den siebziger Jahren trat Leo Kirch an Karajan heran; die nächsten Filme – alle Beethoven-Symphonien, Brahms und die letzten drei Tschaikowsky-Symphonien meist mit den Berlinern – wurden von Kirchs Firma Unitel produziert. In den letzten zehn Jahren seines Lebens besaß Herbert von Karajan eine eigene Filmproduktionsfirma mit Sitz in Monte Carlo; mit Telemondial, so der Name, konnte er nun Filme in absoluter Eigenregie drehen, sprich niemand diktierte die finanziellen Rahmenbedingungen, das Repertoire oder die Drehtermine. Es entstanden eindrückliche Bild- und Tondokumente mit den Berliner Philharmonikern (vor allem im symphonischen Bereich) und den Wienern (vor allem Opern), aufgenommen im Großen Festspielhaus in Salzburg, im Musikverein und in der Berliner Philharmonie. In seinem Haus in Anif richtete Karajan ein modernes Schnittstudio ein, das dank der engen Kooperation mit Sony stets auf dem neusten Stand der Technik war.

Fünfzehn Filme wurden von Karajan fertig geschnitten; nach seinem Tod übernahm der Regisseur Ernst Wild aus München die Aufgabe, das Werk zu vollenden.

Filme von und mit Herbert von Karajan

JOHANN SEBASTIAN BACH
Konzert für Violine, Streicher und B. c. E-Dur

Anne-Sophie Mutter
Berliner Philharmoniker
Dezember 1984, Sony

Magnificat
Judith Blegen, Helga Müller
Molinari;
Francisco Araiza, Robert Holl
RIAS Kammerchor und
Berliner Philharmoniker
Dezember 1984, Sony

LUDWIG VAN BEETHOVEN

Symphonie Nr. 1 C-Dur op. 21
Berliner Philharmoniker
Dezember 1971, DG; Januar
1984, Sony

Symphonie Nr. 2 D-Dur op. 36
Berliner Philharmoniker
November 1971, DG; Februar
1984, Sony

Symphonie Nr. 3 Es-Dur op. 55
»Eroica«
Berliner Philharmoniker

Oktober 1971, DG; Januar
1984, Sony

Symphonie Nr. 4 B-Dur op. 60
Berliner Philharmoniker
Dezember 1971, DG;
Dezember 1983, Sony

Symphonie Nr. 5 c-Moll op. 67
Berliner Philharmoniker
Januar/Februar 1966, DG;
Februar 1972, DG;
November 1982, Sony

Symphonie Nr. 6 F-Dur op. 68
»Pastorale«
Berliner Philharmoniker
Oktober 1967, DG; November
1982, Sony

Symphonie Nr. 7 A-Dur op. 92
Berliner Philharmoniker
Oktober 1971, DG; Dezember
1983, Sony

Symphonie Nr. 8 F-Dur op. 93
Berliner Philharmoniker
November 1971, DG; Februar
1984, Sony

Symphonie Nr. 9 d-Moll op. 125

Gundula Janowitz,
Christa Ludwig;
Jess Thomas, Walter Berry
Chor der Deutschen Oper
Berlin
Berliner Philharmoniker
Januar/Februar 1968, DG

Anna Tomowa-Sintow,
Agnes Baltsa;
René Kollo, José van Dam
Chor der Deutschen Oper
Berlin
Berliner Philharmoniker
Dezember 1977, DG

Lella Cuberli, Helga Müller
Molinari;
Vinson Cole, Franz
Grundheber
Singverein
Berliner Philharmoniker
September 1986, Sony

Missa Solemnis D-Dur op. 123

Anna Tomowa-Sintow,
Agnes Baltsa;
Eric Tappy, José van Dam
Singverein
Berliner Philharmoniker
Salzburg, April 1979, DG

Lella Cuberli, Helga Müller
Molinari;
Vinson Cole, José van Dam
Singverein
Berliner Philharmoniker
September 1985, Sony

Violinkonzert D-Dur op. 61
Anne-Sophie Mutter
Berliner Philharmoniker
Februar 1984, Sony

Ouvertüre zu »Coriolan« op. 62
Berliner Philharmoniker
1975, DG; Dezember 1985,
Sony

219

Ouvertüre zu »Egmont« op. 84
Berliner Philharmoniker
1975, DG; Dezember 1985,
Sony

Ouvertüre zu »Leonore III«
op. 72a
Berliner Philharmoniker
Dezember 1985, Sony

Ouvertüre zu »Fidelio« op. 72b
Berliner Philharmoniker
Dezember 1985, Sony

HECTOR BERLIOZ

Symphonie fantastique op. 14a
Orchestre de Paris
Oktober 1970, EMI

La Damnation de Faust
Ungarischer Marsch
Berliner Philharmoniker
Dezember 1978, DG

GEORGES BIZET

Carmen
Grace Bumbry, Mirella Freni;
Jon Vickers, Justino Diaz
Konzertvereinigung Wiener
Staatsopernchor
Wiener Philharmoniker
Salzburg, August 1967, DG

L'Arlésienne
Suite Nr. 2
Berliner Philharmoniker
Dezember 1978, DG

JOHANNES BRAHMS

Symphonie Nr. 1 c-Moll op. 68
Berliner Philharmoniker
Januar – Mai 1973, DG; Januar
1987, Sony

Symphonie Nr. 2 D-Dur op. 73
Berliner Philharmoniker
Januar – Mai 1973, DG;
Februar 1986, Sony
Symphonie Nr. 3 F-Dur op. 90

Berliner Philharmoniker
Januar – Mai 1973, DG;
Oktober 1988, Sony

Symphonie Nr. 4 e-Moll op. 98
Berliner Philharmoniker
Januar – Mai 1973, DG;
Oktober 1988, Sony

Ein deutsches Requiem op. 45

Gundula Janowitz; José van
Dam

Singverein
Berliner Philharmoniker
Salzburg, März 1978, DG

Kathleen Battle; José van Dam
Singverein
Wiener Philharmoniker
Mai 1987, Sony

Tragische Ouvertüre op. 81
Berliner Philharmoniker
Februar 1983, Sony

ANTON BRUCKNER

Symphonie Nr. 8 c-Moll
Wiener Philharmoniker
St. Florian Juni 1979, DG;
November 1988, Sony

Symphonie Nr. 9 d-Moll

Wiener Philharmoniker
Mai 1978, DG

Berliner Philharmoniker
November 1985, Sony

Te Deum
Anna Tomowa-Sintow, Agnes
Baltsa;
David Rendall, José van Dam
Singverein
Wiener Philharmoniker
Mai 1978, DG

CLAUDE DEBUSSY

La mer
Berliner Philharmoniker
Februar 1978, DG; Dezember
1985, Sony

*Prélude à l'après-midi d'un
faune*
Berliner Philharmoniker
Februar 1978, DG; Dezember
1985, Sony

221

ANTONÍN DVOŘÁK

Symphonie Nr. 8 G-Dur op. 88
Wiener Philharmoniker
Janauar, Februar 1985, Sony

Berliner Philharmoniker
Januar/Februar 1966, DG

Symphonie Nr. 9 e-Moll op. 95
»Aus der Neuen Welt«

Wiener Philharmoniker
Januar/Februar 1985, Sony

RUGGIERO LEONCAVALLO

I Pagliacci
Raina Kabaiwanska
Jon Vickers, Peter Glossop,
Rolando Panerai, Sergio
Lorenzo
Chor und Orchester der
Mailänder Scala

Juni 1968, DG

I Pagliacci
Intermezzo
Berliner Philharmoniker
Dezember 1985, Sony

FRANZ LISZT

Ungarische Rhapsodie Nr. 2
Berliner Philharmoniker
Dezember 1978, DG

Ungarische Rhapsodie Nr. 5
Berliner Philharmoniker
Dezember 1985, Sony

PIETRO MASCAGNI

Cavalleria Rusticana
Fiorenza Cossotto, Adriana
Martino, Anna di Stasio;
Gianfranco Cecchele,
Giangiacomo Guelfi

Chor und Orchester der
Mailänder Scala
Juni 1968, DG

L'Amico Fritz	Berliner Philharmoniker
Intermezzo	Dezember 1978, DG

WOLFGANG AMADEUS MOZART

Violinkonzert Nr. 5 A-Dur
KV 219
Yehudi Menuhin
Wiener Symphoniker
November 1965, DG

Divertimento Nr. 15 B-Dur
KV 287
Berliner Philharmoniker
Oktober 1984, Sony

Divertimento Nr. 17 D-Dur
KV 334
Berliner Philharmoniker
Mai 1987, Sony

Krönungs-Messe C-Dur KV 317
Kathleen Battle, Trudeliese
Schmidt;
Gösta Winbergh, Ferruccio
Furlanetto
Singverein

Wiener Philharmoniker
Vatikan, Juni 1985, Sony

Requiem d-Moll KV 626
Anna Tomowa-Sintow,
Helga Müller Molinari;
Vinson Cole, Paata
Burchuladze
Singverein
Wiener Philharmoniker
Mai 1986, Sony

Don Giovanni KV 527
Anna Tomowa-Sintow, Julia
Varady, Kathleen Battle;
Gösta Winbergh, Samuel
Ramey, Ferruccio Furlanetto
Konzertvereinigung Wiener
Staatsopernchor
Wiener Philharmoniker
Salzburg, Juli 1987, Sony

MODEST MUSSORGSKI ORCHESTRATION: MAURICE RAVEL

Bilder einer Ausstellung
Berliner Philharmoniker

Februar 1986,
Sony

Serge Prokofiev

Symphonie Nr. 1 D-Dur op. 25
»Klassische«

Berliner Philharmoniker
Dezember 1988, Sony

Giacomo Puccini

La Bohème
Mirella Freni, Adriane Martino;
Gianni Raimondi, Rolando
Panerai, Gianni Maffeo, Ivo
Vinco, Carlo Badioli
Chor und Orchester der
Mailänder Scala
Mai 1965, DG

Madame Butterfly
Mirella Freni, Christa Ludwig;
Plácido Domingo, Robert
Kerns, Michel Sénéchal
Wiener Philharmoniker
November 1974, Decca und DG

Manon Lescaut
Intermezzo
Berliner Philharmoniker
Dezember 1985, Sony

Sergei Rachmaninov

Klavierkonzert Nr. 2 c-Moll
op. 18
Alexis Weissenberg

Berliner Philharmoniker
September 1973, DG

Maurice Ravel

Boléro
Berliner Philharmoniker
Dezember 1985, Sony

Daphnis et Chloé Suite Nr. 2
Berliner Philharmoniker
Februar 1978, DG; Dezember
1985, Sony

OTTORINO RESPIGHI

Pini di Roma
Berliner Philharmoniker
Osaka, Oktober 1984, Sony

GIOACCHINO ROSSINI

Guillaume Tell Ouvertüre

Berliner Philharmoniker
1975, DG

Berliner Philharmoniker
Dezember 1983, Sony

ROBERT SCHUMANN

Symphonie Nr. 4 d-Moll op. 120
Wiener Symphoniker
November 1965, DG

JEAN SIBELIUS

Valse triste op. 44,1
Berliner Philharmoniker
Dezember 1983, Sony

BEDŘICH SMETANA

Die Moldau
Berliner Philharmoniker
Dezember 1983,
Sony

Johann und Josef Strauss

Das Neujahrskonzert der
Wiener Philharmoniker

Johann Strauß Sohn
Der Zigeunerbaron Ouvertüre
Annen-Polka op. 117
Die Fledermaus Ouvertüre
Vergnügungszug op. 281
Kaiser-Walzer op. 437
Perpetuum mobile op. 257
Unter Donner und Blitz op. 324
Frühlingsstimmen op. 410
An der schönen blauen Donau
op. 314

Johann Strauß Vater
Beliebte Annen-Polka op. 137
Radetzky-Marsch op. 228

Josef Strauß
Sphärenklänge op. 235
Delirien-Walzer op. 212
Ohne Sorgen op. 271

Johann Strauß Sohn und Josef
Strauß
Pizzicato Polka

Frühlingsstimmen (op. 410)

Kathleen Battle
Wiener Philharmoniker
1. Januar 1987, Sony

Johann Strauss Sohn

Der Zigeunerbaron Ouvertüre
Berliner Philharmoniker
Dezember 1983, Sony

Josef Strauss

Delirien-Walzer op. 212
Berliner Philharmoniker
Dezember 1983, Sony

RICHARD STRAUSS

Eine Alpensinfonie op. 64
Berliner Philharmoniker
November 1983, Sony

Also sprach Zarathustra op. 30
Berliner Philharmoniker
Mai 1987, Sony

Don Juan op. 20
Berliner Philharmoniker
Osaka, Oktober 1984, Sony

Don Quixote op. 35

Mstislav Rostropovich, Cello
Berliner Philharmoniker
Januar 1975, DG

António Meneses, Cello
Berliner Philharmoniker
Januar 1986, Sony

Ein Heldenleben op. 40
Berliner Philharmoniker
Februar 1985, Sony

Metamorphosen
Berliner Philharmoniker
November 1984, Sony

*Till Eulenspiegels lustige
Streiche op. 28*
Berliner Philharmoniker
Juni 1986, Sony

Tod und Verklärung op. 24
Berliner Philharmoniker
November 1984, Sony

Der Rosenkavalier op. 59

Elisabeth Schwarzkopf,
Anneliese Rothenberger,
Sena Jurinac;
Giuseppe Zampieri, Erich
Kunz, Otto Edelmann
Konzertvereinigung Wiener
Staatsopernchor
Wiener Philharmoniker
Salzburg, August 1960,
RCA

Anna Tomowa-Sintow, Janet
Perry, Agnes Baltsa;
Vinson Cole, Gottfried Hornik,
Kurt Moll
Konzertvereinigung Wiener
Staatsopernchor
Wiener Philharmoniker
Salzburg, August 1984, Sony

PETER TSCHAIKOWSKY

Symphonie Nr. 4 f-Moll op. 36

Berliner Philharmoniker
Dezember 1973, DG

Wiener Philharmoniker
September 1984, Sony

Symphonie Nr. 5 e-Moll op. 64

Berliner Philharmoniker
Mai 1973, DG

Wiener Philharmoniker
März 1984, Sony

*Symphonie Nr. 6 h-Moll op. 74
»Pathétique«*

Berliner Philharmoniker
Dezember 1973, DG

Wiener Philharmoniker
Januar 1984, Sony

*Klavierkonzert Nr. 1 b-Moll
op. 23*

Alexis Weissenberg
Berliner Philharmoniker
September 1967, DG

Jewgeni Kissin
Berliner Philharmoniker
Dezember 1988, Sony

GIUSEPPE VERDI

Don Carlo
Fiamma Izzo d'Amico, Agnes
Baltsa;
José Carreras, Ferruccio
Furlanetto, Piero Cappuccilli,
Matti Salminen
Konzertvereinigung Wiener
Staatsopernchor
Berliner Philharmoniker
Salzburg, März 1986, Sony

Falstaff
Raina Kabaiwanska, Janet
Perry, Christa Ludwig,
Trudeliese Schmidt;
Francisco Araiza, Heinz
Zednik, Giuseppe Taddei,
Rolando Panerai, Piero de
Palma, Federico Davià
Konzertvereinigung Wiener
Staatsopernchor

Wiener Philharmoniker
Salzburg, Juli 1982, Sony

Otello
Mirella Freni, Stefania Malagú;
Jon Vickers, Peter Glossop,
José van Dam
Chor der Deutschen Oper
Berlin
Berliner Philharmoniker
August 1973, DG

Il Trovatore
Raina Kabaiwanska, Fiorenza
Cossotto;
Plácido Domingo, Piero
Cappuccilli, José van Dam
Chor und Orchester der Wiener
Staatsoper
Mai 1978, Sony

Messa da Requiem

Leontyne Price, Fiorenza
Cossotto;
Luciano Pavarotti, Nicolai
Ghiaurov
Chor und Orchester der
Mailänder Scala
Januar 1967, DG

Anna Tomowa-Sintow, Agnes
Baltsa;
José Carreras, José van Dam
Konzertvereinigung Wiener
Staatsopernchor
Chor der Nationaloper Sofia
Wiener Philharmoniker
Januar 1984, Sony

La Forza del destino Ouvertüre
Berliner Philharmoniker
Dezember 1978, DG

ANTONIO VIVALDI

Die vier Jahreszeiten
Anne-Sophie Mutter, Violine
Berliner Philharmoniker
Oktober 1987, Sony

Richard Wagner

Die Meistersinger von
Nürnberg
Ouvertüre
Berliner Philharmoniker
Januar 1975, DG

Das Rheingold
Brigitte Fassbaender,
Birgit Finnilä; Peter Schreier,
Gerhard Stolze, Thomas
Stewart, Zoltan Kelemen
Berliner Philharmoniker
München, 1978, DG

Tannhäuser
Ouvertüre

Berliner Philharmoniker
Januar 1975, DG

Wiener Philharmoniker
Salzburg, August 1987, Sony

Tristan und Isolde
Vorspiel und Liebestod
Jessye Norman
Wiener Philharmoniker
Salzburg, August 1987, Sony

Siegfried Idyll
Wiener Philharmoniker
Salzburg, August 1987, Sony

Carl Maria von Weber

Der Freischütz
Ouvertüre
Berliner Philharmoniker

Januar 1975, DG; Dezember
1985, Sony

Filme über Herbert von Karajan

Karajan in Salzburg
Ein Dokumentarfilm von Susan Froemke und Peter Gelb,
mit Interviews, Proben- und Aufführungsausschnitten,
gedreht während der Salzburger Festspiele 1987, DG

In Vorbereitung diverse Filmporträts anlässlich des hundertsten
Geburtstags.

Personenregister

235

Aus folgenden Buchveröffentlichungen wurde zitiert:
Ernst Haeussermann, *Herbert von Karajan*. Eine Biographie,
Wien 1978, S. 234
Johannes Althoff, *Die Philharmonie*. Berlin 2002, S. 39 f.

KARAJAN
2008

ISBN 978-3-550-08722-6

Gesetzt aus der Candida bei LVD GmbH, Berlin
Druck und Bindung: Pustet, Regensburg
Printed in Germany